巡礼ビジネス

ポップカルチャーが観光資産になる時代

岡本 健

角川新書

はじめに

■世界的に増加する観光客

本書を進めていくにあたって、まず世界全体の人の移動の量から考えてみたいと思います。国連世界観光機関（ＵＮＷＴＯ：World Tourism Organization）という組織が、毎年、国際観光客到着数という数値を発表しています。

１９５０年に２５００万人だった国際観光客到着数は、１９８０年には2億７８００万人、そして、２０００年には6億７４００万人と増加していきました。世界的な経済危機であるリーマンショックが起こった２００８年以降も国際観光客到着数は増加の一途をたどり、２０１２年には10億人を突破、２０１７年には13・２億人まで増加しています。さらに、ＵＮＷＴＯは、アジア・太平洋《たいへいよう》地域を中心としたさまざまな地域の成長を背景に、今後もこの増加傾向は続き、２０２０年には14億人、２０３０年には18億人に到達すると予測しています。

つまり、現代社会は、かつてないほど人の移動が多い「移動社会」となっていることがわかります。もちろん、人に伴ってモノや情報、金などの移動も活発になります。私が専門にしている観光社会学の分野では、こうした社会を前提とした社会状況をどのように把握しうるのか、議論が行われています。本書『巡礼ビジネス』では、こうした移動社会における人々の旅行行動や観光ビジネスのあり方について、様々な具体例を挙げながら論じていきたいと思います。

■インバウンドの衝撃と憂鬱

さて、世界中で、観光を含めた移動の量が増加していることはおわかりいただけたと思います。それでは、海外から日本への観光客数の推移はどのようになっているのでしょうか。いわゆるインバウンド（訪日外国人旅行）です。日本政府観光局（ＪＮＴＯ）が発表している訪日外客数と、出国日本人数（アウトバウンド）の推移をグラフ化してみました。

１９６４年時点では、アウトバウンドよりインバウンドの数が多かったのですが、その後、アウトバウンドが増加し、１９７１年以降はインバウンドを超えます。その後、アウ

訪日外客数と出国日本人数の推移（1964年〜2016年）

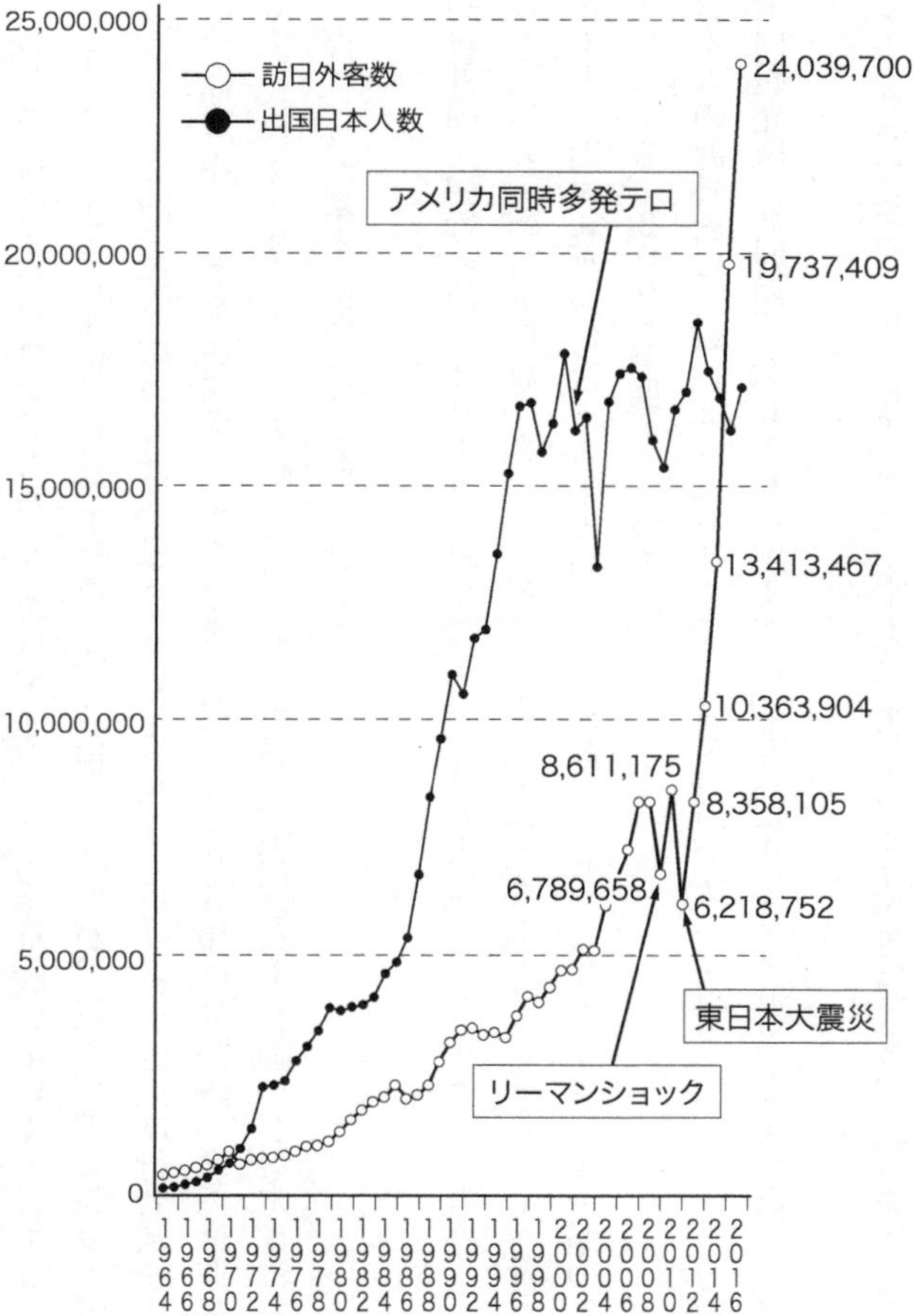

トバウンドと同様にインバウンドも増加を続けますが、その差は開いていく一方でした。

そのような中、2003年1月に小泉純一郎《こいずみじゅんいちろう》首相（当時）が、観光立国懇談会の開催を決め、第156回国会の施政方針演説で「2010年までに訪日外国人旅行者数を1000万人に増やす」ことを目標として掲げました。2006年には「観光立国推進基本法」が成立し、2007年にはそれに基づいて「観光立国推進基本計画」が策定されます。

そこで掲げられた基本目標は以下の5点でした。

①　訪日外国人旅行者数　2010年までに1000万人（2006年733万人）
②　日本開催の国際会議件数　2011年までに5割以上増加（2005年168件）
③　日本人の国内観光旅行による1人当たり宿泊数　2010年度までに1泊増の年間4泊にする（2006年度　2・77泊）
④　日本人の海外旅行者数　2010年までに2000万人（2006年　1753万人）
⑤　国内観光旅行消費額　2010年度までに30兆円にする（2005年度　24・4兆円）

そして、その翌年の2008年には、国土交通省に観光庁が設置され、施策を実行していく体制が整えられました。２００９年、２０１１年にはインバウンドの数は大きく減少しますが、その後の増え方には目を見張るものがあります。２０１３年には１０００万人を超えて、２０１５年には、44年ぶりに出国日本人数を抜き、２０１６年には２０００万人を超えました。実際、ここ数年で観光地における外国人観光客の数は目に見えて増えています。私自身、奈良や京都、大阪のまちを歩くと外国人観光客の増加を実感します。

こうした数値を見ると、インバウンドビジネスは、観光客の世界的な増加傾向も相まって、順調に推移しており、今後も安泰なようにみえます。とはいえ、観光については、様々な要因で客足が遠のいてしまうことに注意が必要です。

旅行者が、ある観光地を訪ねた際、そこでの体験が満足いくものでなかったらどうでしょうか。リピーターになってくれないばかりか、SNS等で悪評が流れ、誘客の妨げになってしまう可能性すらあります。逆に、とても満足のいく経験をし、さらに「今度来た時はあそこにいこう」「もっとこんなこともしたい」と良い意味での不満を持って帰った旅行者は、リピーター化します。家族や友人、恋人などを伴って再訪したり、良い評価を口コミやネットを通じて流したりしてくれるかもしれません。

観光入込客数の増減に影響を与えるのは、こうした内的要因ばかりではありません。アメリカ同時多発テロが起こった２００１年には、世界観光客数は大幅に減少しましたし、さらに２００３年のイラク戦争の影響で激減しています。インバウンドの数にしても、リーマンショックの影響があった２００９年、東日本大震災が発生した２０１１年には、それぞれ激減しているのがわかります。観光客の増減は、為替《かわせ》レートの影響も受けますし、災害や感染症などの安全を脅かす事態が起こったり、ましてや戦争、紛争状態に陥ったりした場合などは大打撃を受けます。

国際連合は１９６６年の第21回総会で、１９６７年を「国際観光年」としました。その時のスローガンは「観光は平和へのパスポート（Tourism; Passport to Peace）」というものでした。観光は平和でなければ実施できませんし、逆に、観光は経済成長や異文化間の相互理解の促進をもたらし、世界平和に寄与できる可能性を持つ産業なのです。

■２兆円を超えたアニメ市場

観光と密接に関係するものとして、メディア・コンテンツがあります。そもそも、観光は、事前に何らかのメディアから得た情報を元に、現実の場所を訪れる行動であると言われています。現地の情報がほとんどわからずにその場所に行くのは冒険に近いものになるでしょう。

観光動機の形成や観光地についての情報探索の際に利用されるメディアには、様々な種類のものを挙げることができますが、特に、近年のデジタルメディアの発展は目覚ましいものがあります。次ページは、２００５年から２０１７年の各種メディアにおける代表的な出来事を一覧にしたものです。

各メディアにおいて、様々な動きが見られますが、インターネットの利用率の上昇、スマートフォンの普及などを背景とした、メディアの「デジタル化」「モバイル化」「パーソナル化」「ネットワーク化」といった変化が顕著です。

メディア環境が大きく変化する一方で、そこを流れる情報内容であるコンテンツの重要性も増しています。コンテンツ産業の市場規模は、一体どれくらいなのでしょうか。コンテンツには様々な種類がありますが、ここでは代表してアニメに注目し、その動向を確認してみましょう。

日本動画協会が発行した『アニメ産業レポート２０１７』によると、２０１６年のアニメ産業市場は、前年比の１０９・９％で、２兆９億円に達しています。２００９年にいったん底を打った時は、１兆２５４２億円でしたが、それ以降は増加を続け、ついに２兆円

メディア年表（2005年～2017年）

新聞	ラジオ	テレビ	生活・社会	年
		通信事業者の VODサービス	愛知万博 開幕 衆院選 自民党圧勝	2005年
SANKEI EXPRESS 発行 47CLUB開始	インターネットラジオ 開始	ワンセグ開始 地デジ全国で開始	WBC 初開催 サッカー W杯 トリノ五輪	2006年
	インターネットラジオ 東京キー局5局 デジタルラジオ受信機 発売		郵政 民営化	2007年
あらたにす開始	3月3日を 民放「ラジオの日」に	ひかりTV 地デジ再送信	リーマンショック 北京五輪 秋葉原通り魔事件	2008年
紙面の12段化加速			オバマ大統領就任 衆院選 民主党圧勝	2009年
日経電子版開始	ラジコ（radiko.jp） 設立運用開始	3Dテレビ	総人口 3年ぶり減 少子高齢化進展 バンクーバー五輪	2010年
読売KODOMO新聞 創刊 朝日新聞有料電子版 開始		アナログ放送停波 地デジ化完了 （岩手・福島・宮城以外） Huluが日本向け サービス開始	東日本大震災 なでしこジャパン活躍	2011年
		地上波デジタル 放送完全移行	ロンドン五輪 衆院選 自民党圧勝	2012年
ハフィントン・ポスト 日本版開設	ラジコ（radiko.jp） アプリ	ハイブリッドキャスト 開始	2020年五輪 東京開催決定	2013年
	ラジコ（radiko.jp） プレミアム開始	Hulu日本テレビ傘下で 日本向けサービス開始	ソチ五輪 消費税8%に	2014年
日本経済新聞者が 英フィナンシャル・タイムズ・グループを買収	ワイドFM （FM補完放送）	TVerサービス開始	北陸新幹線開業 マイナンバー通知	2015年
中央3紙が ブランドスタジオ設立	ラジコ（radiko.jp） タイムフリーサービス	リアルタイム・タイムシフトの視聴率調査統合 （関東）	リオ五輪 Pokemon GO	2016年
	ラジオクラウド開始	視聴ログの活用推進 AbemaTV 「72時間ホンネテレビ」	トランプ大統領就任 衆院選 自民党圧勝	2017年

アウトドアメディア	デジタル	雑誌
	YouTube開始	電子書籍94億円市場に CanCamTV(ウェブ)
表参道ヒルズ開業 京都国際マンガミュージアム開館	モバゲータウンサービス開始 Wii発売 Twitter開始 携帯電話番号ポータビリティ	ニコ☆プチ創刊 AneCam創刊
	ニコニコ動画ベータ版開始 YouTube日本語版 ニコニコ生放送開始	インターネット広告費が 雑誌広告費を抜く
J・ADビジョン (駅デジタルサイネージ)	Facebook日本語版 Twitter日本語版 iphone 3G日本発売 Android発売	sweet付録 付録ブーム
イオンチャンネル開始 (デジタルサイネージ) 3D映画		XBRAND マガストア
	TwitCasting(ツイキャス)開始 Ustream日本語版開始 iPad日本発売 Instagram開始	
	LINE開始	XBRAND STORE 本格始動
東京スカイツリー開業	Facebook10億人突破	Dominiバッグサイズ登場 SPUR.JP(ウェブ)
グランフロント大阪開業	LINE登録者2億人突破	DRESS創刊
	Instagram日本語版開始 グノシー、antennaなどの キュレーションメディア 急成長	ウェブコミック配信サイト・アプリ 「少年ジャンプ+」開始
JR山手線 E235系導入 4Kサイネージ登場	Windows10リリース Apple Watch発売	週刊文春が 業界初の元旦発売
北海道新幹線開通	iPhone7発売 VR(VirtualReality)商品化 Amazonプライム躍進	電子書籍読み放題サービス 本格化
山手線 E235系通勤型 車両の運転開始	スマートスピーカー発売 iPhone8、iPhoneX発売 インスタ映え流行	小学館とDeNAが 共同出資会社「MERY」設立

アニメ産業市場は2兆円を超えた

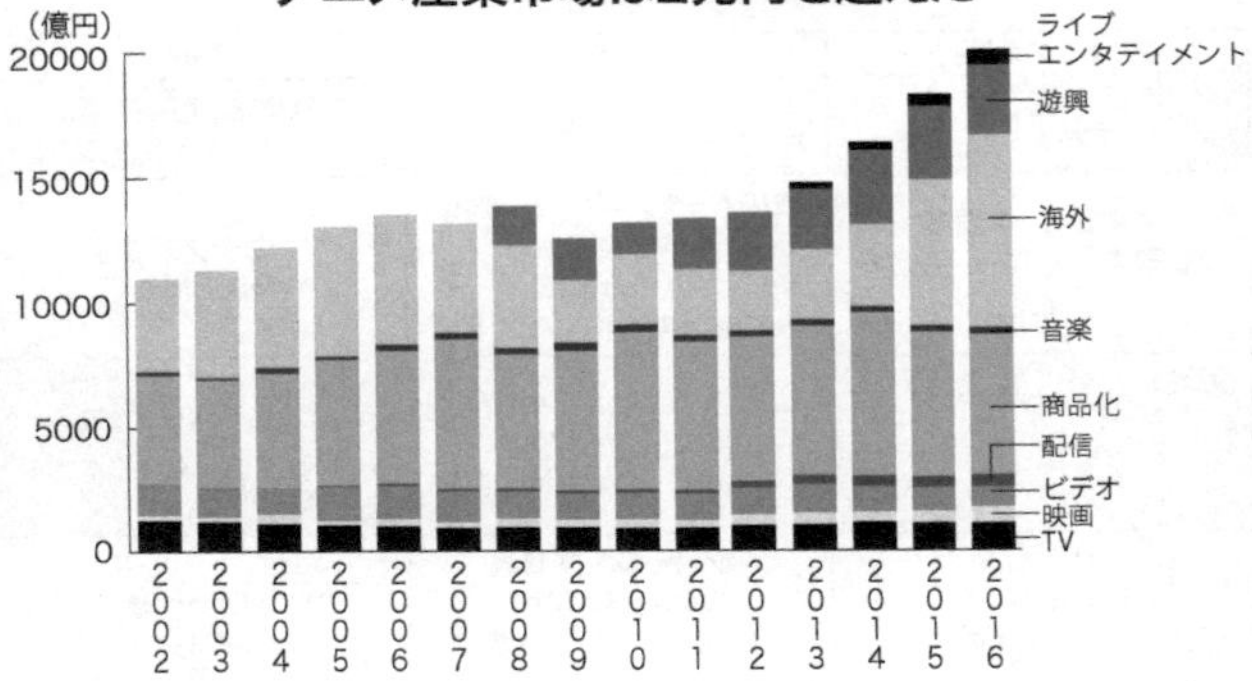

を突破するに至りました。

上のグラフをご覧いただけばわかるように、基本的にアニメは、TVや映画、ビデオなどのコンテンツそのものの売り上げよりも、「商品化」や「海外」、「遊興」などといった波及市場が大きいコンテンツです。中でも、目立って増加しているのは、「海外」です。

また、近年存在感を増しているのが「ライブエンタテイメント」です。中でも2・5次元ミュージカルが注目されています。音楽業界でも、コンサートやフェスの集客は好調です。情報化が進んだ現代にあっても、いえ、だからこそ、人、モノ、場所そのものへの興味、関心が高まっているのかもしれません。

海外に日本のコンテンツのファンが増えているのであれば、その舞台となった場所に行ってみたいと思う潜在的な旅行者が増えていることになります。コンテンツ産業も観光産業も、うまくいくと関連産業への波及効果が高い産業であり、コンテンツと観光は相乗効果が期待できます。

■文化と産業が交錯する「聖地」巡礼

しかし、コンテンツや情報が広がってゆくことと、実際にそれが観光行動やその他の消費活動につながることとの間には、意外と大きなミゾがあります。たとえば、皆さん、テレビや新聞、スマホ、電車内の中吊《なかづ》り広告などを見て、そこから得た情報のすべてに従って行動するでしょうか？　おそらく、そんなことをすると、時間とお金がいくらあっても足りません。

これは少し極端な例としても、皆さんが、何かを購入したり、どこかに行こうと決めたりする時に、採用する情報とそうでないものがあることには、納得していただけるかと思います。あるいは、自分で情報を調べてとりにいくこともあれば、偶然、見聞きした情報から動機が生じて行動につながることもあるでしょう。一体、これらの「差」はなんなのでしょうか？

そこで考える必要があるのが、本書で扱う「聖地」巡礼なのです。この「聖地」という言葉の意味が大切なポイントになります。聖地とは、そもそも特定の宗教や信仰にとっての本山や本拠地、拠点となる寺院や教会、神社などを指す言葉です。それが転じて、現在では、様々な分野で使われるようになりました。アイドルの聖地、歴史上の人物の聖地、野球やラグビー、ボクシングの選手や観客にとっての聖地、かるたの聖地、特定の職業、趣味の聖地、映画やアニメ、小説の舞台としての聖地、パワースポットとしての聖地など、実に多様な聖地があります。

これらすべてに共通していることがあります。それは、「かかわる人々にとって大切な場所」であることです。これが聖地であり、その場所に赴くことを聖地巡礼と呼びます。「聖地」は誰かが設定しさえすれば自動的に出来上がるものではありません。結論から先に言ってしまうと、どうやって「大切な場所」を作り上げていけるのか。それが「巡礼ビジネス」ひいては「観光ビジネス」のキモなのです。

そして、ここには「文化」と「産業」の融合可能性を見てとることができます。こういった話をすると、必ずいただく指摘の一つに「過度な『商業化』による弊害」があります。確かに、あまりに短期的、短絡的なビジネスの「ための」文化がどうも薄っぺらく感じられてしまうことにはうなずけますし、持続可能性や真正性に問題がある状態は避けなければばならないでしょう。これは、結局文化を「消費」してしまうあり方となり、健全な状態とは言えません。ただ、一方で「文化」を継続させていくために、お金や人的資源が必要な場合も数多くあります。そうした時に、商業的、ビジネス的な側面を排除した結果、その文化そのものが消滅してしまっては、本末転倒ではないでしょうか？

たとえば、大阪市での「文楽」への助成金の打ち切り問題は、この点を浮き彫りにしてくれました。観劇してくれる人が増えれば、文楽という文化が継続されていくのです。

■観光「資産」としてのポップカルチャー

そして、これは「文楽」などの文化事業に限られた話ではありません。成熟期を迎え、少子高齢化が進み、人口減少社会を迎えている日本では、右肩上がりの経済成長が当たり前だった時代の認識はもはや通用しません。博物館や美術館、図書館と言った文化的施設への補助金も減少傾向にあります。私が所属している「大学」についても例外ではなく、今、大学の知の価値が試されています。個人的には、社会人教員をたくさん雇い、「すぐに役に立つ内容」を教え、社会に即応できる学生を育てようという取り組みは、あまり良い結果を生まないと考えています。ですが、一方で、「大学は、世間の役に立たなくて良いのだ」などと開き直ってしまう態度にも疑問を抱きます。大学だって社会と相互作用する組織なのです。大学外の社会と全く関係を持たずに成立することが不可能な以上、大学は、その役割や存在意義を人々にわかる形で表現する必要があります。

文化は、完全に他の事象から独立して存在すると考えてしまうことは危険です。社会とのかかわりの中に文化はあります。他とのかかわりを絶つ、いわば鎖国のような戦略を取ってしまうと、その文化は社会から必要とされなくなってしまうかもしれません。様々な事象との相互作用の中に文化はあります。

また、固定してしまうことのみが保護の方法とは限りません。その根幹は守りながらも、時代にあわせてうまく変化、対応していく。このような「動的な安定」によって文化を大切にする。そういう方向も模索していく必要があります。一方で、アーカイブも重要です。モノが残るということは、それに関心のある人々にとっての観光資源になりますし、そこから研究成果が出せたり、新たな創作物につながっていったりします。変化していくものを保存しておく必要があるのです。逆に言うと、アーカイブ機能がきっちりしていれば、変化への一歩も踏み出しやすくなるでしょう。

相互作用をしながら、しなやかに変化していく。そのことで持続可能性を獲得する。

「0か1か」「やるかやらないか」といった二項対立的なカタい思考ではなく、柔軟性を持って、文化と産業を融合させ、観光振興していく。その仕掛けとしての「巡礼ビジネス」を考えたい。本書の目的はここにあります。

観光行動の目的となるものを指す言葉に「観光資源」という言葉があります。観光資源には、自然や風景、建築物、お祭りやテーマパーク、博物館、美術館、動物園、水族館などの各種施設などの様々なものが含まれます。これらの資源の中には、消費されてしまうものもあります。たとえば自然資源は、観光客数が増えすぎるとダメージを受けてしまい、せっかくの観光資源がなくなってしまうこともあります。いわゆる「オーバーユース」の問題です。

本書では、ポップカルチャーが観光「資産」になる可能性について論じます。資源は枯渇してしまいます。資産であれば、当然扱い方を失敗して減ってしまったり、なくなってしまったりもするわけですが、うまくすれば増やすこともできます。国内旅行はもちろんのこと、インバウンドも含めて、具体的な事例を元に考察を進めていきます。

また、巡礼ビジネスについての様々なアイデアは、観光振興の文脈で応用可能であることはもちろん、その他の様々なビジネスや集客、施設の運営、イベントプロデュースといった場面に応用できる考え方です。

■観光研究者が語る意義

このような背景から、本書では、ポップカルチャーと観光について、産業論と文化論の両面からとらえていきます。さて、遅ればせながら、なぜ私がこのような内容の本を書くのかについて少し述べておきたいと思います。

私の専門は観光社会学という分野で、博士号は観光学で取得しました。具体的には、「アニメ聖地巡礼」という現象について研究を続けてきました。また、その他の研究テーマとして、「ゾンビ」について調べ、『ゾンビ学』という書籍を出しました。観光とゾンビに一体なんの関係があるのかと不思議に思われる方もいらっしゃるかもしれません。

端的に言うと、私の研究課題は、虚構の世界も含めた人々の観光なのです。一体、何の話をしているのでしょうか。詳しくは、本書でじっくり解説していきますが、はじめに概念図を示すと、P19の図のようになります。

通常の観光は、観光主体が現実空間上を移動するものを指します。その際は、ただ移動するだけではなく、日常空間から抜け出して非日常空間に遊び、帰ってきます。確かにそ

三つの空間と人の移動

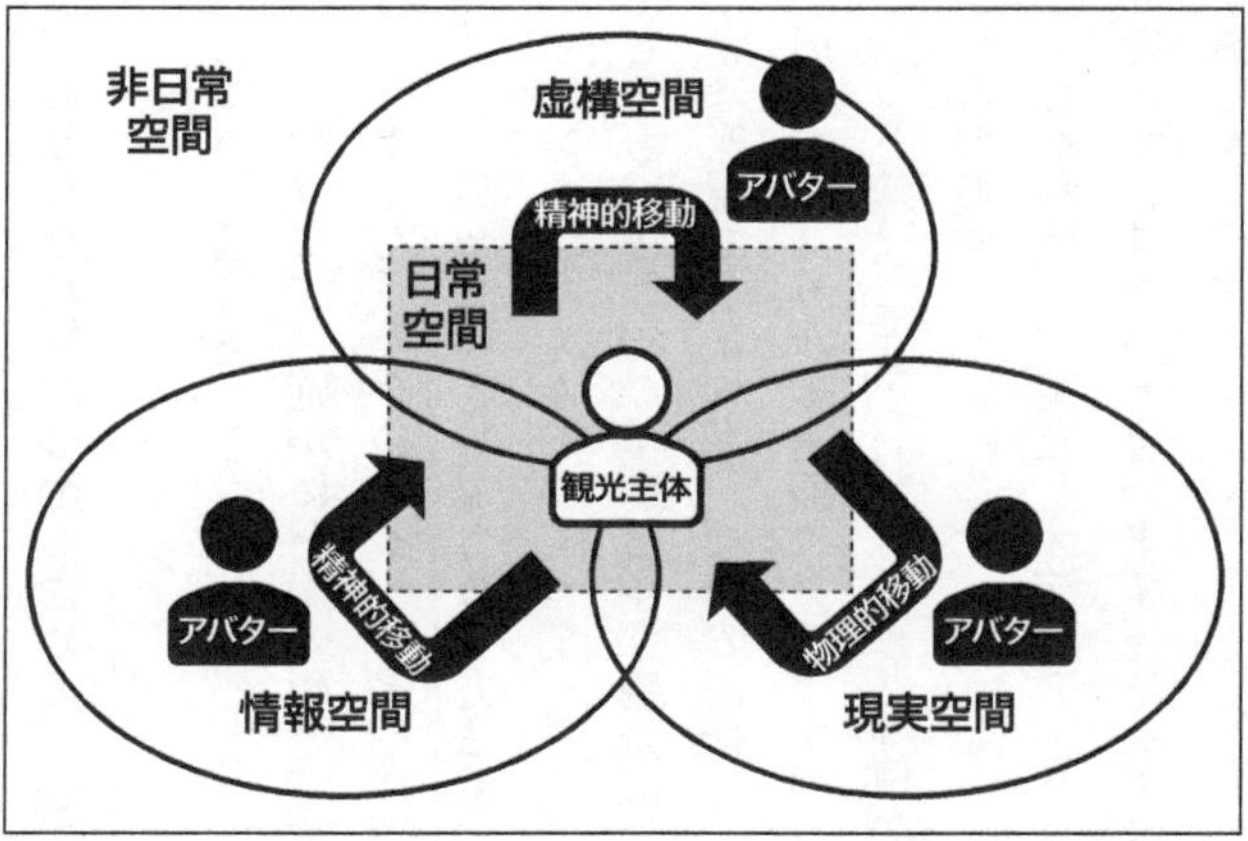

うなのですが、私は、こうした「観光」のとらえ方に、疑問を持っています。

観光における人の移動は物理的、身体的なものだけでしょうか。たとえば、VRはどうでしょう。体はその場所からほとんど移動していないのに、移動している感覚が得られます。また、こうした技術的なサポートがなくとも、人間は「想像力」によって同じような経験をすることができます。皆さんも、面白い小説や映画にのめり込んだ時、まるでその作品で描かれた空間に入ってしまったように感じた経験があると思います。つまり、人間は「今」「ここ」ではない場所に「精神的な移動」を行うことがあるのです。制御はできませんが「夢」もそのような経験の一つです。

私は、こうした精神的移動も含めて「観光」のことを考える必要があると考えているのです。

このように書くと、「人間が移動してお金を落とさないと、観光業は儲《もう》からない」という指摘を受けます。確かに旧来の観光産業の枠組みだとその通りです。しかし、これからはわかりません。人々のアイディアや技術の発展は目覚ましいものがあります。精神的移動によってお金を落としてもらう方法も、真剣に考えなければならないでしょう。本書にはそのヒントがたくさんつまっています。

そもそも、物理的な移動を伴う観光にしても、その動機のことを考えてみると、精神的な移動は無視できません。なんの情報も無い、なんの感慨もわかない場所に、行ってみたいと思うでしょうか。事前にメディアやコンテンツで情報を得て、まだ見ぬその場所への「憧《あこが》れ」や「行ってみたい」という感情が喚起されることで、現実空間上の移動は引き起こされるのです。

こうしたわけで、観光とメディア・コンテンツの専門家の視点から、巡礼ビジネスについて考えていきたいと思います。それでは皆さん、頭を柔らかくして、一緒にいろんな事例を旅していきましょう。

目次

はじめに　3
世界的に増加する観光客／インバウンドの衝撃と憂鬱／2兆円を超えたアニメ市場／文化と産業が交錯する「聖地」巡礼／観光「資産」としてのポップカルチャー／観光研究者が語る意義

第1章　アニメ聖地巡礼　25
アニメ聖地巡礼とインターネットの普及／アニメ聖地巡礼の実態／情報を創造、発信する旅行者／ボトムアップ的なコンテンツツーリズムへの展開／コンテンツツーリズムと観光政策／コンテンツツーリズムが注目されるわけ

第2章　コンテンツツーリズムへの展開　63
点を面に展開する／ホスピタリティとおもてなし／コンテンツをきっかけに地域資源の良さを伝える／伝統創造の源泉となるコンテンツ

第3章　観光資源を生む「創造性」　99

観光は「差異」を売る産業／差異を生む「創造性」／社会の変化によって価値が生じる／旅行者が発揮する創造性／創造的な景観の評価と活用／創造性を作り出すにはどうすれば良いのか／「創造的なもの」は人に知らせたくなる

第4章　現実、情報、虚構空間への巡礼　145

リアル「脱出」ゲーム／『Pokémon GO』とアニメ聖地巡礼／位置情報ゲームと地域の表象／コミュニティ・オブ・インタレストと地域の出会い／移動しない観光、旅するアバター

第5章　観光「資産」化への道　179

コンテンツで既存施設への新規顧客の集客／様々なコンテンツ源同士を組み合わせてコンテンツ化する／コンテンツとコンテクスト／コンテクスト

そのものを利用する／地域資源への感性的アクセスを考える／「遊び方」を創り出すアクター／アーカイブとデータベースの重要性／ポップカルチャーの政策と活用

第6章　巡礼ビジネスに必要なこと　227

巡礼ビジネスを始めるヒント／情報発信のプラットフォーム／知的財産と創造性教育の充実／先行する事例や研究を調べる／巡礼ビジネスのふ化器を作り上げる

対談　村山慶輔 × 岡本健　263

参考文献　294

第1章　アニメ聖地巡礼

■アニメ聖地巡礼とインターネットの普及

まず、ご紹介したいのは、アニメ聖地巡礼です。２０１６年に公開された新海誠《しんかいまこと》監督のアニメ映画『君の名は。』の舞台となった場所に多くの人々が訪れました。作品の大ヒットとともに、この「聖地巡礼」が話題になり、２０１６年の「ユーキャン新語・流行語大賞」のトップテン入りするに至ったのです。

ここでは、まずこの行動について詳しく見ていきましょう。アニメ聖地巡礼の起源については諸説あるのですが、そもそも、アニメに限定しなければ、物語の舞台とされた場所やゆかりの場所に人々が出かけていく行動は、いくつも思い浮かべることができます。

たとえば、ＮＨＫの「大河ドラマ」や「朝の連続テレビ小説」の舞台となった場所には多くの観光客が訪れますし、夏目漱石《なつめそうせき》の『坊っちゃん』のゆかりの地である道後《どうご》温泉も有名です。坊っちゃん団子というお土産物を購入された方もいるでしょう。さらに時代を遡《さかのぼ》ると、『源氏物語《げんじ》』に描かれた場所を訪れる人々はたくさんいたらしく、登場人物の一人である「夕顔《ゆうがお》」の墓だという石碑が京都市下京《しもぎょう》区にあります。「夕顔」は小説内の架空の人物ですが、お墓が建てられているのです。

それで思い出されるのは『あしたのジョー』で主人公のライバルである力石徹《りきいしとおる》が作中で死亡した時に、実際にお葬式が執り行われたことです。こうした現実と虚構をわざと混同させる、ある種の遊びは以前から行われていました。

海外に目を向けてみますと、『ローマの休日』や『ロミオとジュリエット』のゆかりの地には、たくさんの人が訪れています。『ローマの休日』であれば、イタリアのローマに行ってスペイン広場でジェラートを食べてみたくなり、真実の口に手を突っ込みたくなります。『ロミオとジュリエット』の場合、同じくイタリアのヴェローナにジュリエットの家があります。そこにはジュリエットの像が立っているのですが、右胸に触ると恋愛成就すると言われています。多くの人が触って帰るため、像のその部分だけ変色してしまっているほどです。他にも、『シャーロック・ホームズ』『アルプスの少女ハイジ』など、メディアが作り出した「聖地」は枚挙にいとまがありません。

これらの行動とアニメ聖地巡礼は、とてもよく似ていますが、ある部分でかなり異なっていました。私がアニメ聖地巡礼の研究を始めたのは、２００８年の3月でした。結論から述べますと、当時は、旅行者側の情報受信、情報発信のあり方が従来の観光とは違っていたのです。その点が、観光研究者として実に興味深く感じたのです。

アニメ聖地巡礼という行動が始まり、展開していったのは、1990年代から2010年代にかけてです。その黎明《れいめい》期の作品としては、『究極超人あ〜る』（1991年）、『美少女戦士セーラームーン』（1992年）、『天地無用！魎皇鬼《りょうおうき》』（1992年）などが挙げられます。類似の行動ですと、マンガ作品の『こちら葛飾《かつしか》区亀有《かめあり》公園前派出所』（1976年）や、ライトノベル『炎の蜃気楼《ミラージュ》』（1990年）でも1990年代に見られています。とはいえ、あまり起源にこだわっても仕方がありません。先ほども述べたように、アニメに限らなければ、類似の行動はずっと前からなされています。

私は、現在もなされているアニメ聖地巡礼につながる直接の行動が始まったのは、1990年代前半の作品の頃からであると言って問題ないと考えています。それというのも、1990年代後半ごろからは、インターネットが普及しはじめ、それに伴って、このアニメ聖地巡礼行動は広がっていくからです。

インターネットの利用者数と人口普及率の推移を1997年から2016年までグラフにしてみました。左端の1997年を見てみますと、利用者数は1155万人で利用率は9・2％でした。意外に思われるかもしれませんが、インターネットの普及率が30％を超えたのは2000年になってからなのです。特に1999年から2000年の増加率が目

インターネットの利用者数と普及率の推移

（総務省　通信利用動向調査の結果より）

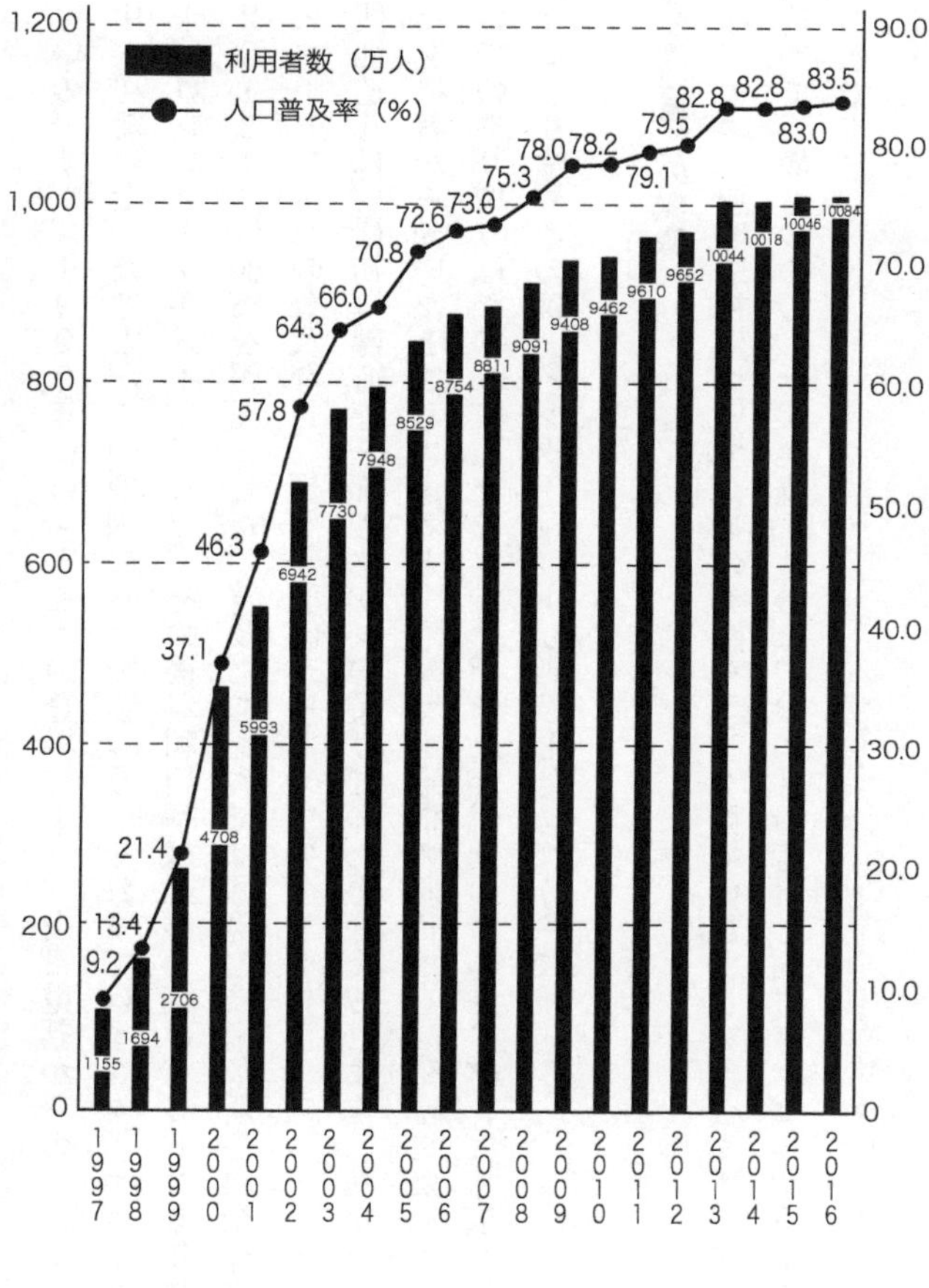

立って大きいのですが、１９９９年には i-mode の登場により、携帯電話からのインターネット利用が可能になったことがこの要因の一つでしょう。それまではインターネットへの接続端末はコンピュータがメインでした。その後、利用率は上昇を続け、２００５年には70％、２０１３年には80％を超えました。普及にあたっては回線の技術革新や料金体系の改善、スマートフォンの普及など、様々な要因が重なっています。

アニメ聖地巡礼は、最初は熱心な一部のファンの遊びだったと考えられます。私がヒアリングした巡礼者から聞いたところによると、パソコン通信の時代から、作品の舞台がどこかについてのやり取りはなされていたそうです。それが、他のアニメファンにも広く知られるようになり始めるのは、インターネットが普及し始めてからです。

■アニメ聖地巡礼の実態

それでは、アニメ聖地巡礼について、その実態を詳しく見ていきましょう。まず、アニメ聖地に行って、最も多くの人々が実施するのは、アニメの背景と同じアングルで写真を撮影することです。

『らき☆すた』のオープニング映像と実際の鷲宮神社（撮影：山村高淑）

前ページの写真で私がやっているように、自分自身がキャラクターの位置に立って撮影する場合もありますし、風景だけを撮影したり、アニメキャラクターのフィギュアやぬいぐるみを重ねて撮影したりと様々なバリエーションが見られます。

また、アニメの舞台になったアニメ聖地には、聖地巡礼ノートと呼ばれるものが置かれます。旅館やカフェなどに置かれている来訪者が書き込めるようになっているノートです。聖地巡礼ノートは、地域の商店主や住民が設置する場合もありますし、アニメファンが設置する場合もあります。来訪者は、この聖地巡礼ノートに様々なコメントやイラストを書き込んでいきます。現地に行ってノートを見ると、同じ人が来るたびに書き込んでいる様子が見られたり、ノート上でコミュニケーションがなされていたりして、実に興味深いものです。ちなみに、こうした聖地巡礼ノートの書き込みやコミュニケーションを見ることで、どのような来訪者が訪れているのか、来訪者の価値観はどのようなものなのか、ある程度知ることができます。

アニメ聖地に神社がある場合、そこにはアニメの絵があしらわれた痛絵馬《いたえま》がかけられます。サンプルとして、『らき☆すた』の聖地、鷲宮《わしのみや》神社の絵馬掛け所と、『いなり、こんこん、恋いろは。』の聖地である伏見《ふしみ》稲荷《いなり》大社の絵馬掛け所の写真を掲載しました。鷲宮神

『らき☆すた』の聖地、鷲宮神社の絵馬掛け所で見られた痛絵馬（筆者撮影）

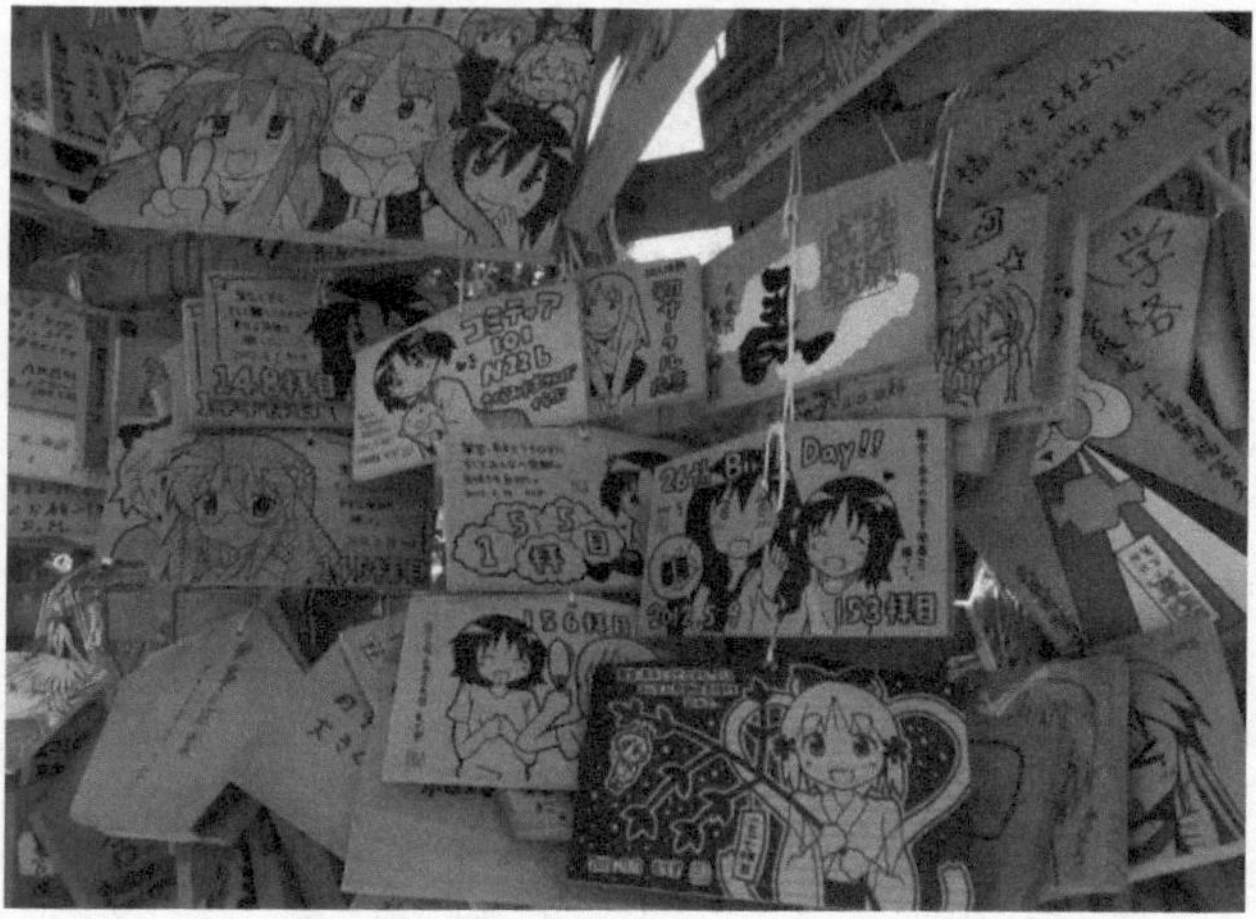

『いなり、こんこん、恋いろは。』の聖地、伏見稲荷大社の絵馬掛け所で見られた痛絵馬（筆者撮影）

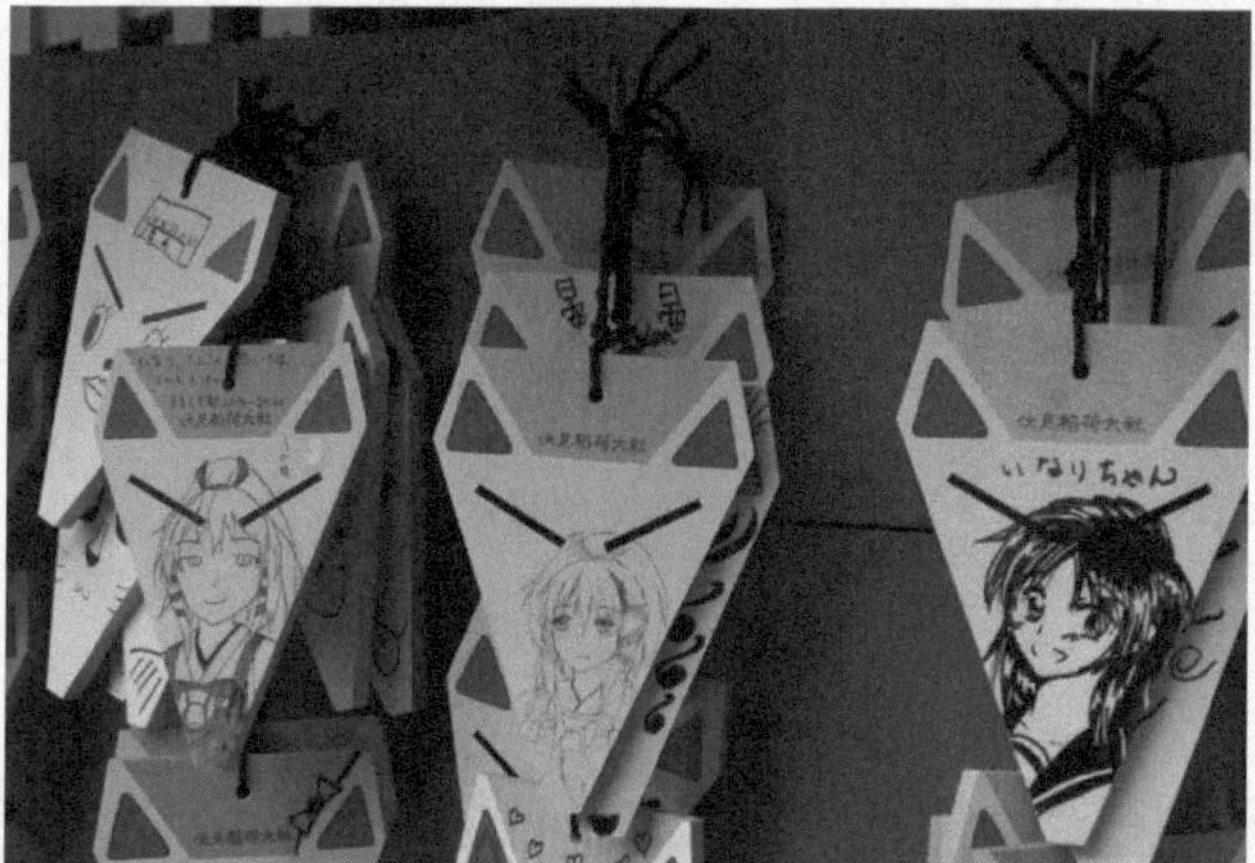

社の痛絵馬をよく見てみると、156拝目、157拝目などと書かれたものがあり、何度も神社を訪れ、痛絵馬を奉納していく人がいることがわかります。

この絵馬に書かれている言葉を引用させていただくと、「鷲宮《わしのみや》・幸手《さって》とらき☆すた、そしてみんなへ感謝の気持ちを込めて。」とあります。一般的な観光旅行者が、このような事を書き残すでしょうか。そもそも絵馬には、自分の願い事を書き記すのが一般的です。それが、地域やアニメ作品、そして現地で出会ったファンや地域住民の「みんな」への感謝の気持ちを表した絵馬を何度も掛けているのです。なぜでしょうか。その理由は、「強烈な作品ファンだから」というだけではありません。この答えは後で詳しく書くことにして、もう少しアニメ聖地の様子を見ていきましょう。

アニメ聖地では、ファンがアニメグッズを持ち寄る様子もよく見られます（左ページ写真）。一般的な旅行では、お土産を購入したり、記念になるものを持ち帰ったりする様子がよく見られますが、この行動はいわばその逆で、自分の大切なアニメグッズを聖地に置いていくのです。写真のように商店や、観光案内所に置かれることが多く、もちろんこれらの事例では地域の人は「置いていっても良いよ」と許可しています。

ある場所にグッズが置かれると、その周りにグッズが集積していく現象が見られます。

『らき☆すた』の聖地、久喜市鷲宮の寿司店（筆者撮影）

『ラブライブ!サンシャイン!!』の聖地である沼津三の浦観光案内所（筆者撮影）

グッズを置いたファンの中には、再訪した際、再度訪れて新たなグッズを追加していく人もいますし、他の巡礼者も、その場所にグッズを持ってくるようになります。このようにグッズが集積していく様子を見てみると、まるで何かの祭壇のようです。

その他にも、アニメやマンガ、ゲーム等のイラストが添付された自動車である「痛車《いたしゃ》」でアニメ聖地を訪れる巡礼者や、現地で「コスプレ」を楽しむ巡礼者なども見られます。これらの行動に共通する点は何でしょうか。それは「表現」です。自分の想いや気持ちの発露、作品への愛や、聖地に来た喜びの吐露、自分の作品の披露など、動機ややり方は様々ですが、地域に「表現」が蓄積されていく様子が特徴的です。

さらに、聖地と作品について、自分でガイドブックまで作り上げてしまうファンもいます。これは、聖地巡礼ガイドブックといって、出来上がったものは、コミックマーケットをはじめとする同人誌即売会や、ファンコミュニティの中で頒布、交換されます。私は最初、作品ファンが作ったものなので、作品のことやアニメの舞台になった場所のことばかりが書かれているのかと思っていました。ところが実際に中身を見てみると、周辺の観光資源や地域の商店のことなども事細かに書かれていて、中には、郷土資料館に何度も通って地域の歴史を詳しく調べてまとめられた本格的なものもありました。

ファンが制作したアニメ聖地巡礼ガイドブック(筆者撮影)

また、上の写真の中央にあるCR琵琶湖《びわこ》支社長さんのガイドブックなどは、中国語と日本語の両方で書かれています。CR琵琶湖支社長さんは香港《ホンコン》から日本の各地を訪れて聖地巡礼を行っており、その堪能《たんのう》な日本語能力と行動力を活《い》かして、アニメ聖地巡礼ガイドブックを作っています。香港や台湾《たいわん》の同人誌イベントなどでも頒布しているということですから、このガイドブックを読んで日本に来ている海外のファンも少なくないでしょう。

　こうした行動について、実際はどの程度の頻度で行われているものなのかを調べてみました。アンケート調査を実施したのは、アニメ『氷菓《ひょうか》』の舞台となった岐阜県の高山《たかやま》市です。地域の方々や大学院生にご協力いただき、

２０１３年９月８日に開かれたイベント「カンヤ祭《さい》（神山《かみやま》高校文化祭）」の会場で２９３人から回答を得ることができました。

左ページ上図は、質問項目の中の旅行中の行動についての回答の割合をグラフ化したものです。選択肢を準備して、自分が行った行動のすべてを選択してもらう方式で回答を得ました。

これを見ると、「写真撮影」が１６０で54・６％を占め、最も多くなりました。こうして撮影された写真は個人で楽しまれることもあるでしょうが、今後の情報発信の素材に活用される場合もあります。「聖地の様子をネットで発信」するという回答が50（17・１％）あることからも、そのことが類推できます。

２番目に多い回答は、「グッズやコメント、イラスト」を現地に残すというもので、78（26・６％）に上ります。それほど多くありませんが、現地での「コスプレ」や「痛車で来訪」といった行動も見られます。

さらに興味深いのが、「巡礼者同士の交流」や「現地の方との交流」が一定数見られることです。ただ現地に行って写真を撮影して、誰とも交流をせず帰る人ばかりではなく、表現行為や、人々との交流を経験する巡礼者も一定数いることがわかります。

アニメ聖地巡礼中の行動（複数回答可）

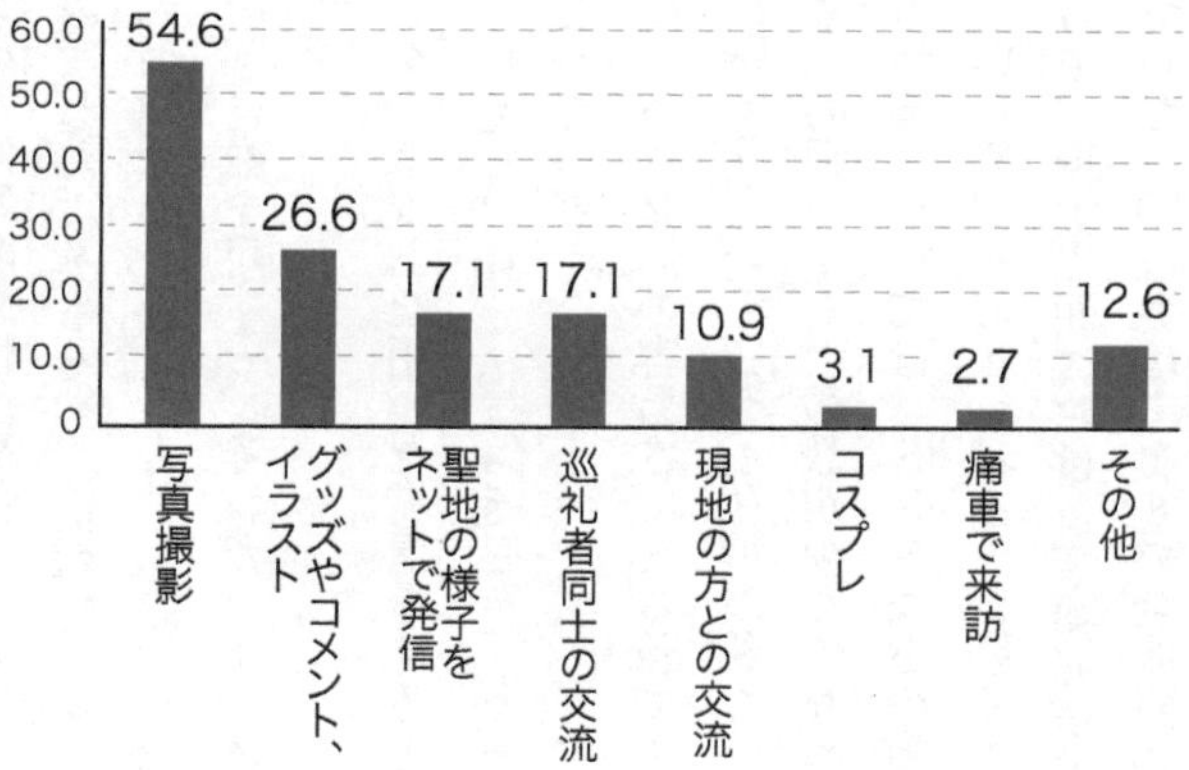

情報発信の種類

情報発信	インターネット	179(61.1%)	Twitter	126(43.0%)
			ブログ	46(15.7%)
			Facebook	32(10.9%)
			ホームページ	9(3.1%)
			動画サイト	3(1.0%)
			その他	10(3.4%)
	現実場面	129(44.0%)	知人に自身の経験を語る	118(40.3%)
			聖地ガイドブックの作成	2(0.7%)
			その他	3(1.0%)
	情報発信無し	60(20.5%)		

さらに、回答者の情報発信について、より詳しく聞いてみた結果を前ページ下表に整理してみました。そもそも、情報発信をしないという回答が60（20・5％）ありました。それ以外の回答者に対しては、複数回答可としています。「インターネット」と「現実場面」の回答数を足すと、それだけで全体数の293を超えてしまいますが、これがその理由です。

インターネットを用いた発信をするという回答は179あり、回答者全体の61・1％を占めています。中でも「Twitter」による発信が多く、次いで「ブログ」「Facebook」が多くなっています。「ホームページ」や「動画サイト」は回答数が少なくなっています。これは、情報発信の容易さによる差であると考えることができます。文字数も少なく気軽に発信できる「Twitter」が最も多く、より高度な編集作業が必要になる「ホームページ」や「動画サイト」の数が少なくなっているのです。ですが、こうした高度な編集がなされた情報については、SNSなどの書き込みに比べると、長期にわたって検索、参照されやすいため、そのインパクトは強くなることも忘れてはいけません。

一方で、現実場面における情報発信の中で最も多かったのは、「知人に自身の体験を語る」でした。回答数は118で全体の40・3％を占めます。いわゆる「口コミ」で、一般的な旅行においても、その情報源として現在も大きな割合を占めています。「聖地ガイドブックの作成」も回答数は2と少なく、全体の０・７％ですが、回答者がいました。先ほど指摘したように、このガイドブックはコミックマーケット等の同人誌即売会や趣味の集まりで頒布、交換され、熱心なファンの間で流通しますので、誘客につながりやすい情報発信であると考えられます。

■情報を創造、発信する旅行者

これまで見てきた現象も含めて、アニメ聖地巡礼の旅行プロセスをまとめると、次のページ図のようになります。

アニメを視聴し、内部情報（記憶）や、様々な外部情報と対照することで、アニメの舞台の存在を知るところから、アニメ聖地巡礼が始まります。ネットなどを通じて、より詳細なアニメ聖地の情報を得て、聖地に赴きます。聖地巡礼中には、聖地の写真を撮影したり、痛絵馬、イラスト、聖地巡礼ノート、アニメグッズなどを現地に残したり、痛車に乗って訪れたり、現地でコスプレをしたりします。これらは他の旅行者や地域住民の人々にも見られることになり、聖地巡礼が行われていること自体が目で見てわかる状態になりま

アニメ聖地巡礼行動における情報の流れ

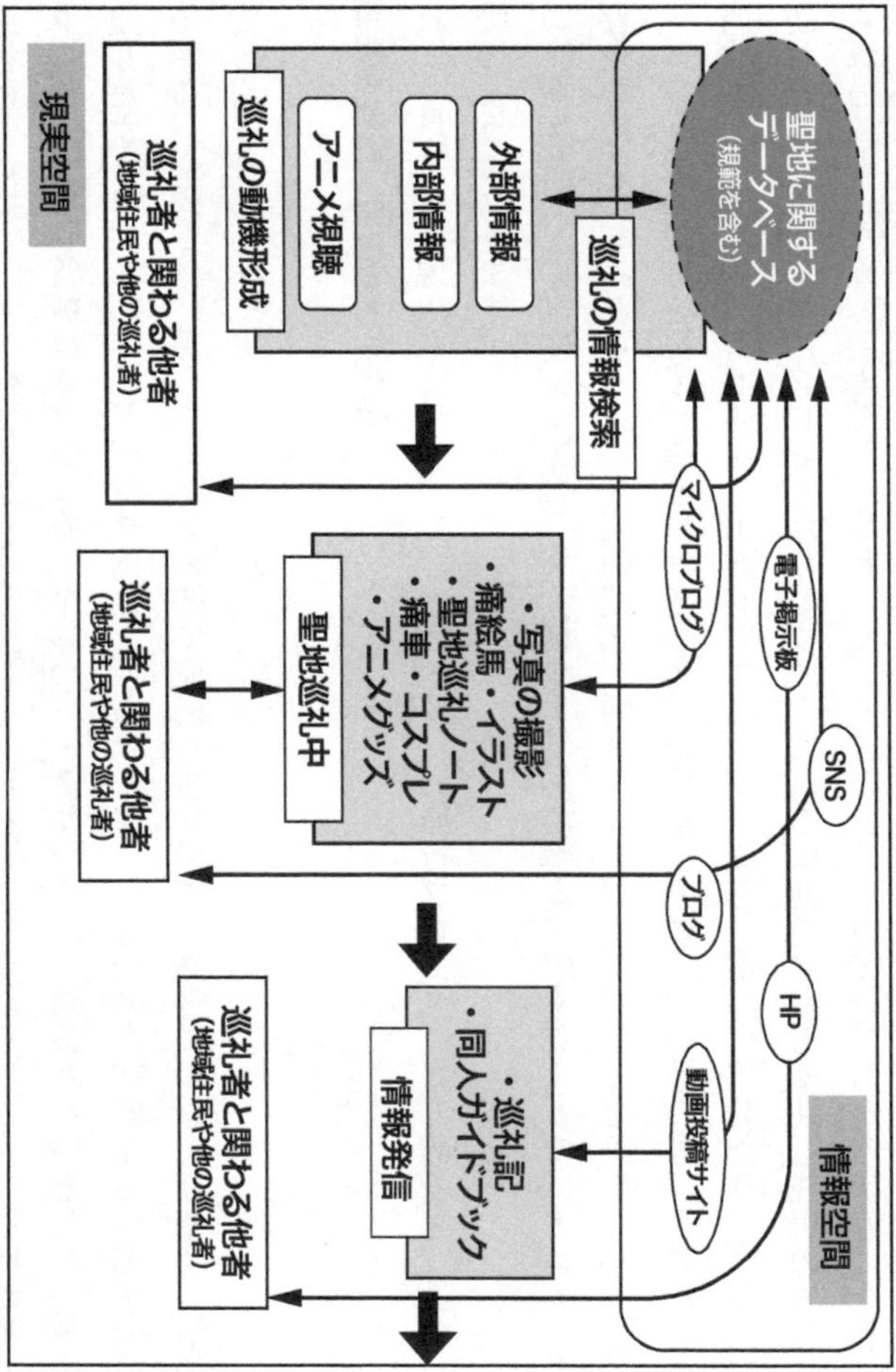

す。さらに、聖地巡礼者の中には、巡礼終了後に、ブログやホームページで巡礼記を発信する人や、自作の同人ガイドブックを制作してコミックマーケットなどで頒布する人が出てきます。

これらの行動を、1人の巡礼者がすべて行うわけではないのですが、一人一人が行っていることが集合的に現地（現実空間上）や、ネット（情報空間）上に蓄積されていき、それによって「聖地に関するデータベース」と言えるような情報の集合体が構築されます。そこから情報を得て、また別の巡礼者が巡礼を行う、というサイクルが見られました。このように、アニメ聖地巡礼者は、様々な形で、情報やコンテンツを創造、発信する旅行者だったわけです。

旅行者による情報発信は、2018年の今では、もっと当たり前のことになっています。次ページの図は、国内宿泊観光旅行参加者のうち、SNSに投稿した人の割合をグラフ化したものです。これを見ると、10代、20代の、特に女性の割合が高くなっていることがわかります。5割以上が旅行のことをSNSに投稿しているのです。男性も10代、20代では4割以上、30代でもほぼ4割となっており、大まかに若者が多いとまとめることができるでしょう。とはいえ、よく見てみると、40代、50代の男性も2割程度の人が発信していま

国内宿泊観光旅行参加者のうちSNSに投稿した割合（世代、性別）
（『観光の実態と志向』平成28年度版および平成29年度版に掲載されたデータの平均値）

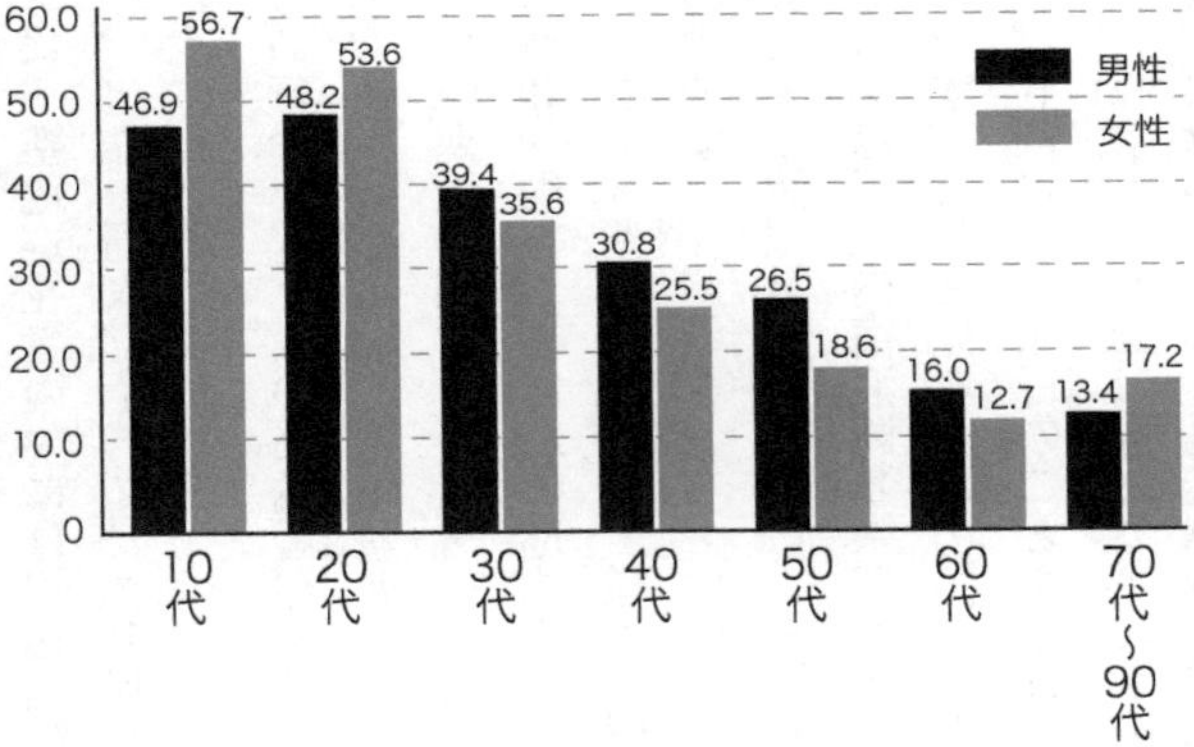

すし、高齢になるほど割合が下がるかと思いきや、70代〜90代の女性が17・2％という値を示しています。

いずれにせよ、情報空間に旅行について情報発信を行うことは、もはやアニメファンに限った現象ではありません。一般の人々にも広く見られる行動になりましたし、それは、必ずしも若者に限定されることでも無くなっているのです。

■ボトムアップ的なコンテンツツーリズムへの展開

確認してきたように、アニメ聖地巡礼は、ファンによる自発的な行動でした。また、今でこそずいぶん有名になりましたが、初期のころは、地域側もこのような行動があることを知らず、「なぜかはわからないが、最近若い人が増えた」と疑問に思うケースが多かったのです。

なかには、巡礼者と地域住民の間でトラブルが発生してしまったケースもあります。たとえば、『ひぐらしのなく頃に』の舞台となった岐阜県の白川郷《しらかわごう》を分析した先行研究「白川郷へのアニメ聖地巡礼と現地の反応」（神田　2012）では、アニメファンに対する地域住民の印象を聞き取り調査で明らかにしています。

それによると、アニメの内容に対する嫌悪感や反発、そして、アニメで提示されているものは「本当の白川郷ではない」ため、そうしたイメージを等閑視するという意見が聞かれたそうです。また、コスプレ等を行うアニメ聖地巡礼者の存在と白川郷の風景がミスマッチだという指摘もあったそうです。前者はコンテンツそのものに対する違和感、後者はファンカルチャーに対する違和感と言えるでしょう。

ここで少し『ひぐらしのなく頃に』について説明しておくと、本作は同人サークル『07th Expansion』によるコンピュータゲームで、テレビアニメ化もされた人気コンテンツです。本作は、雛見沢村という村で起こる殺人、失踪《しっそう》事件を描いたミステリ作品で、この村のモデルとなったのが白川郷だったのです。内容に対する嫌悪感や反発の声の中には、殺人事件が起こる物語であるといったことも含まれていたようです。ただ、ここではっきり申し上げておきたいのは、本作の内容が地域振興と相性が悪かったかというと、それは違うということです。凄惨《せいさん》な殺人事件をモチーフにしていても、たとえば金田《きんだ》一耕助《いちこうすけ》シリーズや名探偵コナン、それに、シャーロック・ホームズを動機として地域を訪れる人々はたくさんいますし、観光活用もなされています。

違和感の正体は、おそらくもう少し別のところにあります。実は、地域住民のこうした「語り」は、アニメやマンガの舞台ではない一般的な観光地においても見られるものです。「はじめに」でも指摘した通り、観光行動とメディア、コンテンツは密接に結びついています。旅行者は事前に何らかの情報やイメージをメディアやコンテンツから受け取り、そこから観光動機を形成し、現地を訪れることになります。そうすると、どうしても地域の人々が考えている地域イメージと旅行者の頭の中のイメージには「ずれ」が生じます。アニメ、マンガの聖地巡礼の場合、製作者やファンが、その地域に虚構空間や情報空間における価値観を付与し、「物語」や「意味」を見いだします。それが地域の人々の理解の範《はん》疇《ちゅう》にある場合はすんなり受け入れられるのだと思いますが、なじみのない作品や文化であった場合は、こうしたコンフリクトが生じやすいのです。この「ずれ」の解決方法については後述します。

先ほどの論文には続きがあります。来訪者に対する容認の意見も見られたというのです。消極的な容認としては、ファンは誰に危害を加えるわけではなく、迷惑行為を行うわけでもないこと、そして、そもそもファンの来訪を拒否することは不可能であるというコメントが挙げられています。確かに、ある特定の価値観を持った来訪者だけを拒否することは現実的には難しいでしょう。

そして、比較的積極的な容認としては、年配の人々による若者に対する寛容の姿勢や、来訪してお金を落としてくれることへの評価、マナーが良いこと、アニメがきっかけだとしても本当の白川郷を知ってくれれば良いとするコメントが挙げられています。「地域住民」と一言でくくってしまいがちなのですが、旅行者が一様ではないのと同様、地域住民も多様で、様々な意見があることには注意が必要です。

その一方で、作品がきっかけになり、ファンと地域住民が出会い、交流に発展していく場合も見られます。先ほどの調査結果でも地域住民との交流を行っているという回答があったことを思い出してください。詳しくは次章で各地の事例を紹介していきますが、2000年代後半ごろから、アニメ聖地巡礼者の来訪を受けた地域がさまざまな工夫を凝らして地域振興に結び付ける取り組みが各地で見られるようになってきました。ファンと地域住民が協働でイベントを実施するような例や、地域文化とコンテンツ文化が合わさった新たな文化創造が行われる例、地域資源の保全にファンが積極的に協力するようになった例などがあります。これは、従来の観光地におけるホスト（地域住民）とゲスト（旅行者）の関係性とは大きく異なっています。

■コンテンツツーリズムと観光政策

このようなボトムアップ的な現象の一方で、政策としてもコンテンツツーリズムが推進されています。その背景には、アニメやマンガだけではなく、ドラマや映画の影響でインバウンドやアウトバウンドの増加が見られたことが挙げられます。日本から海外への観光客が増加した例としては、韓国ドラマ『冬のソナタ』による日本から韓国への旅客の増加が代表的でした。逆に、海外からの誘客がなされた事例としては、映画『Love Letter』によって韓国・台湾から小樽《おたる》・函館《はこだて》への観光客が増加したり、映画『狙った恋の落とし方。』で中国から道東への観光客が増加したことなどが挙げられます。

また、コミックマーケット、世界コスプレサミットなどのアニメやマンガ、ゲームをはじめとしたコンテンツを観光動機とした旅行行動は、国外からも見られるようになってきました。さらに、日本のアニメやマンガ、ゲーム、ファッションなどのファンは世界各地に存在し、それらのコンテンツを愛好しているという報告も多数なされています。これらのコンテンツ愛好者の中には、実際に日本を訪れている人もいるでしょうし、また、訪れたいと思っている人も一定数いると考えられます。国際観光時代の日本の観光政策を考える上で注目すべき旅行者であると言えるでしょう。

こうした背景から、官公庁も調査事業や広報活動を行っています。コンテンツツーリズムについて考える上で重要な調査報告書に「映像等コンテンツの制作・活用による地域振興のあり方に関する調査」があります。この報告書は２００５（平成17）年に国土交通省総合政策局観光地域振興課、経済産業省商務情報政策局文化情報関連産業課、文化庁文化部芸術文化課によって共同で出されました。

この報告書において、コンテンツツーリズムは次のように定義され、説明されています。かなり長いのですが、背景も含めて、引用してみましょう。

「観光立国行動計画」を通じて、「観光立国」「一地域一観光」の取組が推進される中で、

地域の魅力あるコンテンツの効果的な活用が注目されている。これまでもNHK大河ドラマを始めとして、映画・ドラマの舞台を観光資源として活用しようとする取組は多かったが、最近になって、「ラブレター」「冬のソナタ」「世界の中心で、愛をさけぶ」などの話題作が登場する中で、改めてその可能性が注目されている。また、映画をテーマにしたテーマパーク（ユニバーサルスタジオ）、アニメを活かした街作りなどの例にみられるように、集客要素としてのコンテンツの活用は、現実の世界を対象とした映画・ドラマにとどまらず、まんが・アニメ・ゲームも含めて拡大している。

ここでは、このような地域に関わるコンテンツ（映画、テレビドラマ、小説、まんが、ゲームなど）を活用して、観光と関連産業の振興を図ることを意図したツーリズムを「コンテンツツーリズム」と呼ぶことにしたい。

そして、コンテンツツーリズムの「根幹」は、「地域に『コンテンツを通して醸成された地域固有の雰囲気・イメージ』としての『物語性』『テーマ性』を付加し、その物語性を観光資源として活用することである」とされています。コンテンツツーリズム（Contents Tourism）は政策文書の中で定義された用語なのです。

何点か興味深い点があります。一つは、この時点ではコンテンツの例示の中に「アニメ」が明示されていないことです。数行前に「アニメを活かした街作りなどの例にみられるように」とあることからもわかる通り、アニメの観光活用事例があることを認識していないわけではないことがわかりますが、代表として挙げられているのは映画、テレビドラマ、小説、まんが、ゲームなど、となっています。

二点目は、「観光と関連産業の振興を図ることを意図したツーリズム」という点です。観光産業のみならず、関連産業の振興が目指されています。やはり、コンテンツと観光は、その波及効果に期待が寄せられていることがわかります。

三点目は、コンテンツツーリズムの「根幹」として、「物語性」や「テーマ性」といった「意味」や「価値」に関する言葉が盛り込まれている点です。本書では、まさに、この「意味」や「価値」をどのように付与していくのかが中心的な論点になっています。

続けて、平成18年度国土施策創発調査の結果が「日本のアニメを活用した国際観光交流等の拡大による地域活性化調査」というタイトルで公表されました。こちらは、国土交通省総合政策局観光資源課、文化庁文化部芸術文化課地域文化振興室などによって実施された調査です。

さらに、日本政府観光局（JNTO: Japan National Tourism Organization）により、JAPAN ANIME MAP も公開され、パリで開催される「Japan Expo」や、ロサンゼルスで開催される「Anime Expo」などのイベントで、本マップを活用し、「日本の魅力を発信していく」としています。

この「JAPAN ANIME MAP Sacred places pilgrimage」には、以下の作品や場所が挙げられています。『涼宮《すずみや》ハルヒの憂鬱《ゆううつ》（兵庫県西宮《にしのみや》市）』『千《せん》と千尋《ちひろ》の神隠し（東京都小金井《こがねい》市）』『true tears（富山県南砺《なんと》市）』『サマーウォーズ（長野県上田《うえだ》市）』『らき☆すた（埼玉県春日部《かすかべ》市、幸手市、久喜《くき》市鷲宮）』『三鷹《みたか》の森ジブリ美術館（東京都三鷹市）』『Sanrio Puroland（東京都多摩《たま》市）』『ヱヴァンゲリヲン新劇場版（神奈川県箱根《はこね》）』です。さらに、「OTHER PLACES」として『最終兵器彼女（北海道小樽市）』『かんなぎ（宮城県仙台《せんだい》市）』『クレヨンしんちゃん（埼玉県春日部市）』『美少女戦士セーラームーン（東京都港《みなと》区麻布十《あざぶじゅう》番《ばん》）』『デジモンアドベンチャー（東京都港区台場《だいば》）』『とある科学の超電磁砲《レールガン》（立川《たちかわ》駅周辺、東京都多摩センター駅）』が挙げられています。

このように、２００５年から２００６年にかけて、国が中心となってコンテンツツーリズム関連の調査報告書を出していたのです。そして、その議論の方向性としては大きく

「観光による地域振興」と「インバウンド振興」があったことがわかります。国の施策が進んでいく際は、事前にこのような調査報告書が出されます。こうした報告書はネット上で公開されており、誰でも読むことができます。これを読めば、今後国がどのような施策を行おうとしているのかがわかり、早めに対策が打てることになります。関係する省庁のホームページはこまめにチェックし、様々な文書を確認しておきましょう。

2012年に閣議決定された「観光立国推進基本計画」の中にも、コンテンツツーリズムが盛り込まれています。本計画の「新たな観光旅行の分野の開拓」という項目の中に、「各ニューツーリズムの推進」という項目があります。そこには、次ページの図に示したような様々なニューツーリズムが挙げられています。

「キ」に注目してください。いわゆる「その他」で、一見すると雑駁《ざっぱく》な項目が並んでいますが、この部分の説明を見ると、以下のように書かれています。

スポーツや医療のほか、ファッションや食、映画、アニメ、山林、花等についても、国内旅行のみならず、最近では訪日旅行の動機にもなる観光コンテンツであるため、これらを活用しながら観光につなげる地域の取組を促進する。

ア	エコツーリズムの推進
イ	グリーン・ツーリズムの推進
ウ	文化観光の推進
エ	産業観光の推進
オ	ヘルスツーリズムの推進
カ	スポーツツーリズムの推進
キ	ファッション・食・映画・アニメ・山林・花等を観光資源としたニューツーリズムの推進

出典：観光立国推進基本計画　http://www.mlit.go.jp/common/000208713.pdf

続けて、ファッション、食、映画、とそれぞれについて何を実施していくのかが説明されます。ここでは、映画とアニメについて詳しく見てみましょう。「映画については、国内旅行や訪日旅行において、映画ロケ地への訪問が観光の一つの形として定着しつつある。日本を舞台にした作品制作を促し、各地のフィルムコミッション等と連携してロケ地の誘致を促進する地域の取組みを支援する」。そして、「アニメについては、作品の舞台となった地域への訪問など、参加者に対して周辺観光を促す地域の取組みを支援する」と記されています。

やはり、これまでの流れと同様に、観光に

よる地域振興と、インバウンドが強調されていることがわかります。また、先ほどとは異なり「映画」と共に「アニメ」が明記されるようになっていることが確認できます。

観光庁は、翌年の２０１３年に「今しかできない旅がある」若者旅行を応援する取組表彰という表彰事業を新設しました。その中で、株式会社 Oarai クリエイティブマネジメントによる「オリジナル・アニメ『ガールズ＆パンツァー』と連動した夢と魔法の物語。『実家のような町』大洗《おおあらい》でしか味わえない旅がある。」という取り組みに奨励賞を授与しています。

観光立国推進基本計画に、「アニメの舞台となった地域への訪問」が明記され、表彰事業においてアニメを用いた取り組みが選ばれたのは、２０００年代後半からのアニメ聖地巡礼やそれをきっかけにした各種取り組みが目立ってきた状況を受けてのことと思われます。政策というと、国や地方自治体が決定してトップダウン的に下りてくるもののように受け止められがちですが、政策は実際に行われている様々な取り組みからも影響を受けて変化していくことがわかります。

ファンの行動としてアニメの聖地巡礼が起こり、それに呼応する形で地域が観光振興を行う一方で、観光による地域振興の文脈や、海外からの観光客の誘客（インバウンド振興）の文脈で、政策的にコンテンツツーリズムという語が生み出され、展開されてきたことが確認できました。

■コンテンツツーリズムが注目されるわけ

コンテンツツーリズムが政策的な語であることを見てきましたが、実はこの言葉は、和製英語であり、英語では一般的にフィルムツーリズム（Film Tourism）と呼ばれています。フィルムとは映画を意味する言葉です。ではフィルムツーリズムと呼べば良いではないかと思われるかもしれませんが、私は、「コンテンツ」という言葉を使っている点が重要だと考えています。

コンテンツは、そもそも英単語の contents です。その単数形である content はどのような意味を持つ単語なのでしょうか。基本的には「内容」や「中身」のことを指す語です。書籍の目次に CONTENTS と書かれているのを目にしますが、まさに目次は書籍の内容を示しています。本書で用いる「コンテンツ」も一義的には「情報の内容」を指す語として用います。ですが、それだけではコンテンツという言葉を使う意義は小さいものになります。再び英単語に目を向けてみましょう。content は動詞でもあります。その時には、人を「満足させる」という意味を持っています。つまり、単なる情報内容ではなく、人を満足させ、楽しませるものと考えることができます。
「コンテンツ」という語には、法的な定義もあります。2004年に成立した「コンテンツの創造、保護及び活用の促進に関する法律」の第一章第二条で、コンテンツは以下のように定義されています。

第二条　この法律において「コンテンツ」とは、映画、音楽、演劇、文芸、写真、漫画、アニメーション、コンピュータゲームその他の文字、図形、色彩、音声、動作若しくは映像若しくはこれらを組み合わせたもの又はこれらに係る情報を電子計算機を介して提供するためのプログラム（電子計算機に対する指令であって、一の結果を得ることができるように組み合わせたものをいう。）であって、人間の創造的活動により生み出されるもののうち、教養又は娯楽の範囲に属するものをいう。

一つの文が非常に長いですが、法律の定義らしく、かなり網羅的なものになっています。前半では、映画や音楽などの様々な「コンテンツ」の実例が挙げられていることがわかります。そして、後半では「人間の創造的活動により生み出されるもののうち、教養又は娯楽の範囲に属するものをいう」と、その性質が示されています。

なぜ、この「コンテンツ」という言葉が注目に値するのでしょうか。その背景には情報社会の進展があります。情報通信機器がデジタル化、マルチメディア化、ネットワーク化、モバイル化したことによって、情報の内容が複数のメディアを超えて移動するようになってきたことが挙げられます。

たとえば「放送と通信の融合」について見てみましょう。テレビやラジオといったメディアは、「放送」と呼ばれ、一対多数の一斉同報型コミュニケーションを行ってきました。一方で、電話は一対一の対話型コミュニケーションで、「通信」と呼ばれていました。情報を伝えるという意味では似ていますが、それを支える技術やインフラ、法制度や用途などが異なっていたため、異種のメディアとして認識されていました。

ところが、コンピュータの発展、インターネットの登場、パーソナルコンピュータ（PC）等のデジタル機器の家庭や個人への普及、PCおよび携帯電話からのインターネットへの接続の実現、ブロードバンドの登場、スマートフォンやタブレット型端末の普及などによって、個人間で、いつでもどこでも文字や音声、映像のやり取りが可能になっていったのです。通信機器であった電話は、スマートフォンとなり、現在ではインターネットへの接続端末としての役割の比重が大きくなっています。個人が写真や動画を撮影し、特定の個人のみならず不特定多数に発信することが可能になっています。このように、メディアを超えて流通していく情報内容を示す言葉として「コンテンツ」が用いられるようになったのです。

ここで、私なりの「コンテンツ」の定義を行ってみたいと思います。定義というと、「どこかに完璧《かんぺき》な定義がある」と考えがちなのですが、実は、定義というのは議論の際の決め事として共有するためにあり、絶対的に正しい一つの定義、はありません。ここで様々な事例を見ていくにあたって、使いやすい概念として定義しておきましょう。

これまでのことを総合すると、コンテンツは、次の二つの性質を持つものであると言うことができます。一点目は、コンテンツは何らかの形で編集された情報であるということです。二点目は、コンテンツはそれ自体を体験することで体験者が楽しさを得る可能性があることとです。情報そのものに価値があり、人を楽しませる作品であると言っても良いでしょう。つまり、整理するとコンテンツは、「情報がなんらかの形で創造・編集されたものであり、それ自体を体験することで楽しさを得られうる情報内容」ということができます。

ここで一つ注意が必要です。それは、コンテンツの「楽しさ」についてです。ある情報内容を楽しいと感じるかどうか、あるいは、楽しさの程度は、その受け手である体験者側の評価次第ということです。

たとえば、鉄道の時刻表について考えてみましょう。時刻表はコンテンツでしょうか。時刻表を眺めてにやにやしていると、通りすがりの人に訝《いぶか》しがられるかもしれません。それは、時刻表は一般的に手段的な情報だと考えられているからです。時刻表の情報は鉄道に乗る「ための」情報であり、時刻表そのものが面白いものであるとは思われていません。ですが、時刻表を楽しみのための情報に変えてしまう人もいます。たとえば、全国の時刻表を見ながら、空想の鉄道旅行を行うことができます。この駅からあの駅まではこの時間の電車に乗って、そうすると、何時何分にあの駅に到着するので、ここでこちらの線に乗り換えて……、とやっていくのです。これを楽しめる人にとって、時刻表は極上のコンテンツになります。

さて、私なりのコンテンツツーリズムの定義をしておきたいと思います。コンテンツツーリズムとは、コンテンツを動機とした観光・旅行行動や、コンテンツを活用した観光・地域振興のことを指します。もうおわかりかと思いますが、この時のコンテンツは、アニメやマンガ、映画等の映像作品に限ったものではありません。コンテンツの「楽しさ」の考え方は、価値観が多様化した現在の観光にもぴったり当てはまります。観光コンテンツになり得るものは実は無数にあります。コンテンツツーリズムは、情報社会となった現在の観光において重要な論点を提供してくれる概念と言えるのです。次章からは、アニメの舞台になったことで、様々な展開が見られた地域における取り組みを見ながら、巡礼ビジネスに活かせる点を探していきましょう。

第2章　コンテンツツーリズムへの展開

■点を面に展開する

アニメ『らき☆すた』の舞台となった埼玉県久喜市鷲宮では、土師祭《はじさい》という地元の祭りで、２００８年から「らき☆すた神輿《みこし》」が担がれることになりました。それが継続し、２０１７年９月の土師祭で10周年を迎えました。

映像コンテンツを用いた観光振興で問題とされるのは持続可能性です。ＮＨＫの大河ドラマ観光の入込客数の影響を調査した中村哲《なかむらてつ》氏の研究によると、大河ドラマの入込客数への効果は、放映の２年前の舞台地決定時から徐々に表れ、放映年にピークを迎えます。そして、その２年後には、大河ドラマによる効果は消えてしまうといいます。地域によっては、その後、放映前よりも高い水準で留《とど》まることもありますが、放映前より減ってしまう地域もあるそうです。

このことを考えると、２００７年に放映されたアニメ『らき☆すた』の舞台となった場所で、地元のお祭りに作品をテーマにした神輿が10年出続けるというのは、驚くべき事態です。まず、この事例について詳しく見ていきましょう。

2017年9月に10周年を迎えた「らき☆すた神輿」

そもそも、アニメ『らき☆すた』にちなんだ神輿を出す、という発想はどこから出てきたのでしょうか。土師《はじ》祭興會《さいこうかい》によって、地域で行われてきたお祭りです。千貫《せんがん》神輿《みこし》と呼ばれる神輿が出て、関東一円から集まる担ぎ手によって担がれてきました。これを読んで、どのように思われるでしょうか。「地元の反対はなかったのだろうか？」というのが第一の疑問かと思います。

地域住民と一言でいっても、様々な考えの人がいますので、その全員が賛成したとは思えませんが、現に「らき☆すた神輿」は２００８年から担がれ始めます。実は、この発案を行ったのは、土師祭を執り行ってきた土師祭興會の會長である成田靖《なりたやすし》さんだったのです。

成田さんは、残念ながら、2018年1月30日に79歳で永眠されました。「らき☆すた神輿」にかかわった巡礼者たちはその想いを継いで神輿を担ぎ続けています。

さて、次の疑問は、「なぜ、成田さんがこうした発案をするに至ったか」です。その答えは、鷲宮の取り組み内容にありました。アニメ『らき☆すた』が2007年に放映されてから、鷲宮はアニメファンの聖地巡礼を受けることになります。アニメの舞台になったのは鷲宮だけでなく、幸手市や春日部市、秋葉原《あきはばら》など、埼玉県内外の様々な場所でしたが、鷲宮の聖地は鷲宮神社であり、神社近辺には商店街があったことなどもあって、巡礼者が目立つ場所でした。

久喜市商工会鷲宮支所の経営指導員である坂田《さかた》圧巳《あつし》氏、松本真治《まつもとしんじ》氏は、訪れる巡礼者に話しかけ、事情を聞いてみることにしました。そこで、初めてアニメ『らき☆すた』の舞台として鷲宮神社が取り上げられていることを知ったそうです。話を聞いてみると、近隣からだけでなく日本全国や海外からも訪れていることがわかりました。

実は、鷲宮の聖地巡礼は、当初はどちらかというと悪いニュースとして取り上げられたのです。個人のホームページに「オタクの人が鷲宮神社に集まっていて治安が心配」という内容が書き込まれ、「関東最古の神社にアニヲタ殺到 地元困惑、異色の絵馬も」というタイトルでネットのニュースになりました。ネット上ではこのように言われていた鷲宮ですが、当時の様子を坂田氏に聞くと実際には特に地域住民から具体的にそういう声が届いていたわけではなかったそうで、「悪いとか良いとかいう以前に、何で急にこんなに人が来ているのかよくわからなかったというのが正直なところ」であったといいます。それもそのはずで、鷲宮はそもそも観光の町ではありませんでした。観光協会もなく、観光資源と呼べるものもそれほど多くなかったのです。

巡礼者が訪れる理由がわかったところで、お二人はこのように考えました。「こんなにたくさんお客さんが来てくれているのに、買って帰ってもらうものが何もないのは商工会としても問題ではないか」と。そこで、アニメの製作委員会に名を連ねていた角川書店（現、KADOKAWA）に問い合わせをし、イベントの企画やグッズの製作などを行うことにしました。その後、様々な取り組みがなされていくのですが、中でもここでは「桐絵馬形携帯ストラップ」というグッズに注目してみましょう。この取り組みは、その後の様々な動きのきっかけとなったものなのです。

「桐絵馬形携帯ストラップ」は、次ページの写真のようなグッズです。痛絵馬《いたえま》をモチーフにした木製の携帯ストラップで、キャラクターがあしらわれています。また、台紙の表面

桐絵馬形携帯ストラップ（左：表面、右：裏面）

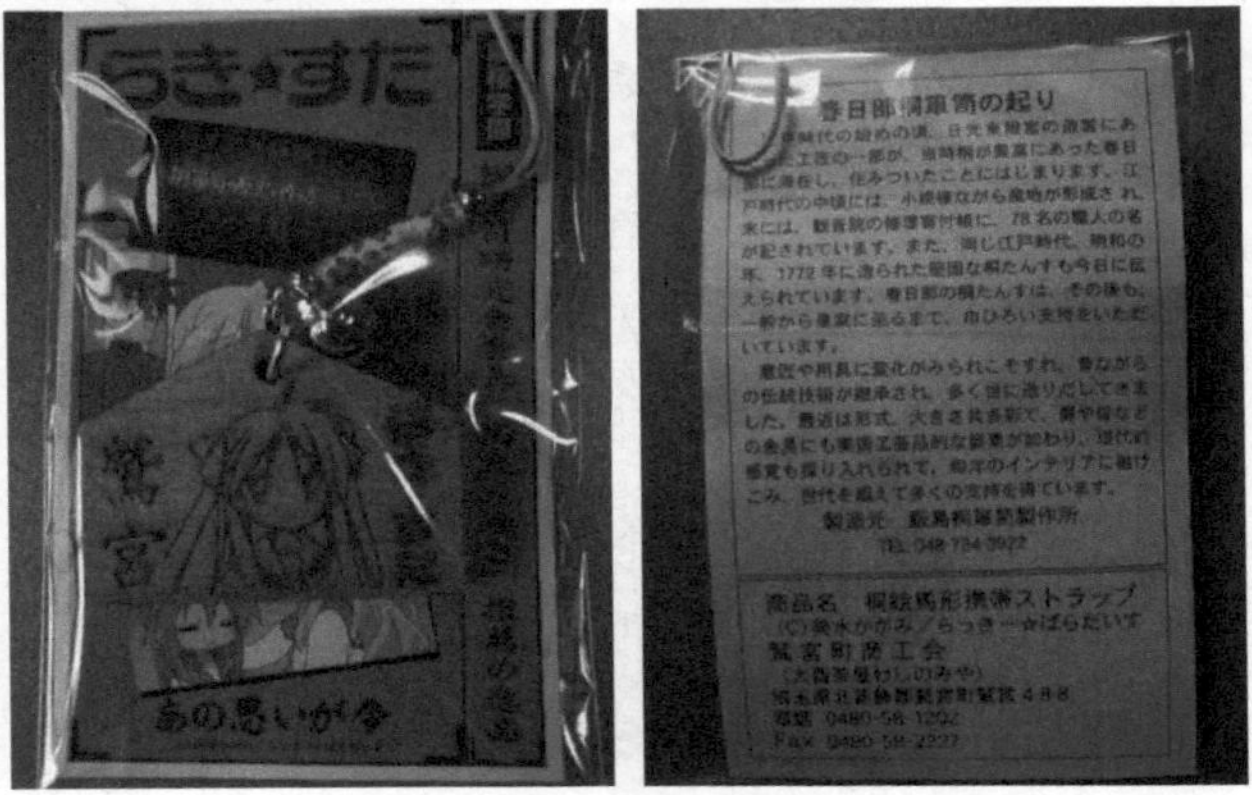

には、作中のアニメ画像が使われ、「陵桜学園 桐箪笥研究会会長 高良みゆき 推薦の逸品」と書かれています。裏側には、「春日部桐箪笥の起り」と題して、桐箪笥《たんす》の歴史が説明され、飯島桐箪笥製作所によって作られたことがわかるようになっています。

グッズを作るにあたって、お二人は、神社に訪れる巡礼者やアニメ好きの知人との直接のつながりや、インターネット掲示板の2ちゃんねる（現、5ちゃんねる）を通じて、アニメファンの価値観を学んでいきます。当初は、そのコミュニケーションコードになじめず苦労したそうですが、じっくり話していくうちに、ファンの声から有用な情報を拾うことができるようになっていったと言います。

かくいう私も、最初に調査に赴いた際には、アニメファンから「嫁は？」と聞かれ、当時未婚だった私は「あ、いえ、独身です」と答えてしまいました。実はこの時の「嫁」は、「アニメやマンガ、ゲームなどに登場する架空の女性キャラクターで好きなキャラクター」を指す言葉だったのです。その方には苦笑されてしまいました。他愛もないことのように思われるかもしれませんが、こだわりのグッズの製作やイベントを実施するには、こうしたファンカルチャーをよく理解する必要があります。

こうして坂田氏、松本氏は、桐絵馬形携帯ストラップを作り上げていきます。ファンの行動であった「痛絵馬」をモチーフとし、角川書店から許諾を得た公式のアニメイラストを台紙に用い、実際の製作は埼玉県内の企業に依頼したのです。こうして、地域だけでも、ファンだけでも、コンテンツ産業だけでも作り上げるのが難しい、こだわりのオリジナルグッズが完成しました。こうした遊び心や工夫が見られるグッズは、ファンにとっては「よくわかっているな」と思えるものとなり、好意的に捉《とら》えられます。ある意味グッズがメディアとなり、仕掛ける側の「本気度」を伝えるのです。

また、そのグッズの製作にも、工夫がなされました。まず、このストラップは絵柄のバージョン違いが十数種類あります。なぜバージョン違いを作ったのか、それは、アニメフアンから、複数のバージョンがあるグッズはすべてをコレクションしたくなるという声があったからです。これも、聞いてみないとわからないことですね。

さらに、売り方にも工夫がなされました。おそらく、この全種類のストラップをセット販売しても、熱心なファンは購入したでしょう。ですが、鷲宮ではそのようにはしませんでした。あくまでグッズは個別に販売し、しかも、その販売場所は地元の個人商店で、各商店で2種類ずつ販売したのです。この工夫によって、アニメファンは全種類をコンプリートするために、地域の商店を巡ることになります。最低でも6店舗は回らないとすべて集まらないことになります。また、中にはお気に入りのキャラクターだけを購入する人もいますから、1種類だけ売り切れるというお店も出てきます。そうなると、さらに回るべき店舗は増加するのです。

この取り組みは、実に秀逸です。それというのも、ファンが町内を回ることによって、ファンと地域の人々の交流が生まれる確率を高めているからです。たとえば、商店街から少し離れた場所にあった販売店に、アニメファンが訪れた際、「暑い中長時間歩くのは大変だろう」とちょうど出かける用事があった店主が自家用車で最寄り駅まで送ったところ、数週間後に「お世話になったお礼に」と菓子折りを持ってお礼に来たという話を聞きましたし、地域の商店主からは、「ファンの子たちは本当にマナーがいい。落ちているゴミを拾ってゴミ箱に捨てていたりして、なかなかできないことだと思う」といった声が聞かれました。

実は、これは地域住民からのクレーム予防にもつながっていきます。アニメファンやコンテンツ文化に対して、色眼鏡で見る人は一定数います。こうしたイメージを作った有名な事件は１９８９年に容疑者が逮捕された連続幼女誘拐殺人事件ですが、それ以降、現在に至るまで、何らかの事件を起こした容疑者の趣味としてアニメやマンガ、ゲーム、ホラー映画などがあった場合、マスメディアがそれをことさらに取り上げる事例は枚挙にいとまがありません。なぜ、好きなスポーツや音楽、自動車などは取り上げないのに、コンテンツだけをその元凶として取り上げるのでしょう。非常に疑問です。特に「オタク」という言葉に対して、よからぬイメージが付与される傾向にあります。

アニメファンに限らず、観光振興をしていく上で、地域住民から反対の声が上がることは珍しくありません。曰《いわ》く、観光客が訪れることで「治安が悪くなる」「ゴミが捨てられる」「騒音がひどくなる」などという意見です。実際、そうした可能性はあり、それはそれでマネジメントが必要な事柄ですが、こうした意見の背後にあるのは多くの場合「不安」です。人間には、ある集団に対して、その情報が少ないほど「危害を加えてくる可能性のあるもの」と認識してしまう傾向があります。私もいくつかの地域で観光振興に携わってきましたが、当初「絶対反対！」と言っていた人が、実際に旅行者と触れ合うと「意外といい奴らじゃないか」と、逆に大賛成に回るというケースを見てきました。つまり、旅行者と地域住民が直接出会える場を設けることが、事実無根のクレームや反対意見を減らすことにつながるのです。

桐絵馬形携帯ストラップは、2007年12月3日の一次販売から、2009年3月28日発売分までで、2万3500個を売り上げました。ストラップの単価は650円ですので、この期間だけでも1527万5000円の売り上げがあり、販売に参加した地域商店が利益を得ています。

他にも、地域の12店舗の飲食店をめぐる飲食店スタンプラリーが行われるなど、『らき☆すた』の聖地として鷲宮を訪れた巡礼者は、地域の個人商店を巡ることになりました。都市部に住んでいる巡礼者の中には、個人商店に入るという経験そのものが貴重だった人もいたようです。再度来店した時に覚えていてもらえて嬉《うれ》しく思ったという声も聞きました。飲食店スタンプラリーは2008年4月から9月24日まで行われたものについては、のべ642人が完遂しました。12店舗すべてで最低額のメニューばかりを選ぶと8185円、最高額のメニューばかりを選ぶと9925円でスタンプラリーを完遂できます。それぞれの金額に完遂者ののべ人数をかけると実際の売り上げ金額は525万4770円から637万1850円の範囲のどこかということになります。また、完遂できなかったもの の、スタンプラリーに参加していた巡礼者もたくさんいたことと思いますので、これ以上の売り上げがスタンプラリー参加店にあったことになります。

こうした取り組みは、鷲宮神社を目指して訪れた巡礼者の行動範囲を周辺の個人商店に広げることとなりました。旅客の回遊行動が誘発されたのです。一つの場所に集中していた旅客を、面に分散させることができたと言えるでしょう。また、巡礼者は、グッズを購入したり、スタンプラリーに参加しなければ、入店することが無かったような個人商店に入ることができ、新たな経験をすることができています。一方で、店主は、新たな客との会話を楽しみ、新規顧客を開拓できたことによって、商売をやっていくモチベーションが上がりました。

このような取り組みがなされていく中で、成田靖さんもファンとのつながりを作っていきます。成田さんは、鷲宮神社前の商店街で洋品ナリタを営んでいました。学校の上履きやコートなどを販売する店です。洋品ナリタは、桐絵馬形携帯ストラップの販売店になっており、巡礼者がよく訪れていました。また、鷲宮を訪れるコスプレイヤーは、鷲宮神社のトイレなどで着替えを行っていたようで、その様子を見た成田さんは不憫《ふびん》に思って、「うちの店で着替えていけばいい」と着替えスペースを提供していました。また、『らき☆すた』は女子高生が主役のアニメであるため、コスプレイヤーの中には、女子高生の制服用のコートなどを着用している人もいて、洋品ナリタはコスチュームや小物の購入の場にもなっていたそうです。

成田靖さんは、そうしたファンとの交流の中で、2008年の6月ごろ「らき☆すた神輿」を制作することを思いつくのですが、私は一つ気になっていたことがあり、インタビューの際、そのことを聞いてみました。それは、「成田さんは、『らき☆すた』を見たのだろうか」ということでした。成田さんは「見たよ」と答えました。アニメファンの中には自分の好きなコンテンツを「布教」する人がいます。成田さんのお店に来たファンの中にも、成田さんに『らき☆すた』のDVDボックスを貸して布教を行った人がいたそうです。70歳近い高齢の男性が『らき☆すた』を見たということにも驚いたのですが、次の質問に対する成田さんの答えには、さらに驚かされることになります。

私は「『らき☆すた』は面白いと感じましたか」と尋ねました。成田さんは笑いながらこう答えました。「見てみたけども、ちょっと面白さは自分にはわからんかったわ」。「なんと！　そうなんですね。それでも『らき☆すた神輿』が良いと思われたんですか」とより詳しく聞いてみると、成田さんはこんな話を始めました。「俺だって神輿オタクだけど、神輿の良さはわからんやつにはわからんからね。だけど、俺にとっての神輿が、あいつらにとっては『らき☆すた』なんだってことはわかる」

私は不勉強にも、神輿オタクという言葉を初めて聞きましたが、よその地域の神輿を担ぎに行ったり、自分で神輿を作ったりされるそうです。それはそうと、この他者理解の仕方は、実に良いあり方だと感じました。相手が好きなことそのものの価値はわからなくても、自分にとって大切なものと同じように、それが相手にとって大切なものなのだと理解する。価値観の異なる他者に対して、相手も自分も変えることなくわかり合う一つの理想解であると思います。

こうして、成田さんは自分が好きな神輿に、巡礼者が好きな『らき☆すた』を組み合わせることを思いつきます。そのアイデアを巡礼者に話すと、大喜びで「是非担がせてください！」という反応だったそうです。神輿の制作にあたっても、成田さんをはじめとした地域の人々とアニメファン、そして、角川書店の連携がありました。

「らき☆すた神輿」は、担ぎ手を全国から募集しました。２００８年8月上旬ごろに商工会のウェブページなどで募集したところ、３日間で全国から１１４名の申し込みがありました。この担ぎ手たちは、この体験にとても満足し、「こんな体験を、他の『らき☆すた』ファンにもしてもらいたい」と感じ、「らき☆すた神輿」を運営するスタッフになっていきます。土師祭では、これまで担がれていた千貫神輿と、新たに加わった「らき☆すた神輿」が、鷲宮神社の鳥居前で並んでクライマックスを飾りました（左ページ下の写真）。

この様子を見ていた私は、研究調査であることを一瞬忘れ、感動して涙してしまいました。このように感じたのは私だけではないようで、「らき☆すた神輿」の担ぎ手にお願いしたアンケート調査には、以下のようなコメントが書かれていました。


神輿は1人では担げませんし、きちんと誘導しないことにはまっすぐ進まないどころか大変危険なものです。担ぎ手はもちろん、あのような頑丈で見栄えのする神輿を用意してくれた人がいて、滞りなく運営する人がいて、大勢の見物人がいて、それら全てを支える地元の人々がいて初めて成り立つものだと感じました。

協働によって生み出された「らき☆すた神輿」

鷲宮神社の鳥居の前で「もみあい」を行う千貫神輿と「らき☆すた神輿」(2008年の土師祭)

伝統ある土師祭ですが、このような新しいものを柔軟に取り入れて実行する寛容さと、軟弱に見えるオタクといわれている人たちの放つ強力なパワー、そして地元の方々のお祭りに対する思い入れが融合してすごいことになったのだと思います。

少し大げさな話になりますが、閉塞感《へいそく》の強いこの日本で、最近ではこれほどまでに熱い話はあまり聞きません。

伝統だけではマンネリ化し、かといって無秩序に騒いでいるだけでも駄目です。あらゆる価値観を認め合い、ひとつの目標に向かってみんなが真剣に考え、進んでいけば、このように道は開けるのではないでしょうか?

千貫神輿の担ぎ手の少し気合の入った女性と、件《くだん》のコスプレをした男性とが仲良く写真を撮っているのを見るにつけ、そう感じました。ここ鷲宮から日本を変える何か新しいことが始まったのではないかと。

このようなことが、日本の各所で起きればよいと思います。

市町合併で、鷲宮町は無くなると聞いてはおりますが、今後は日本を引っ張る「大鷲宮」となり、大きく羽ばたいて下さい。

本当にありがとうございました。

この後、「らき☆すた神輿」は、様々な場面で活躍します。2010年には、地域発の映画『鷲宮☆物語 商工会の挑戦』に登場したり、中国で開かれた上海《シャンハイ》万博の「コ・フェスタIN上海」のパレードに参加したりしました。地域のお祭りで担がれた神輿が様々な人の注目を集め、海外にまで進出したのです。

鷲宮の取り組みは、この後も様々な展開を見せることになります。その展開の中心人物となったのは、商工会の坂田、松本両氏です。私は、お二人と、かれこれ10年以上のお付き合いになりました。初めてお会いした時からとても魅力的な方々でしたが、この取り組みを通じて、どんどん能力を開花させていかれた印象です。私自身も、お二人からいろいろな刺激をいただいて、何かを作っていく面白さや仕掛ける楽しさを知りました。こうした事例をご紹介すると、「なんだ、結局すごい人がいたからうまくいったんじゃないか」と思われてしまうことが多いのですが、坂田さん、松本さんは、最初からスーパーマンだったわけではない、ということを強調しておきたいと思います。起こる出来事に対して、真摯《しんし》に、時にはおふざけもまじえて、様々な工夫をしながら対応していった結果なのです。

■ホスピタリティとおもてなし

他の地域では、どのような方略で、巡礼者を迎えているのでしょうか。まずは、アニメ『おねがい☆ティーチャー』（2002年）、『おねがい☆ツインズ』（2003年）の舞台となった、長野県大町《おおまち》市の木崎《きざき》湖の事例を見てみましょう。

『らき☆すた』の放映が2007年ですから、それより前の時点で、多くのアニメ聖地巡礼者が訪れていた場所です。木崎湖周辺では、アニメファン有志と地元関係者が連携して、様々な取り組みを行ってきました。たとえば、2007年8月には「みずほプロジェクト」という環境美化運動が実施されています。これは、作品の時代設定である2017年まで、美しい木崎湖の風景を残すために行われた清掃活動です。このプロジェクトの実行委員会は、木崎湖周辺の街路灯維持のための募金活動も実施していて、アニメの舞台をまさに「聖地」として大切にしていきたいという想いを行動で示しています。

木崎湖周辺の飲食店である「星湖亭」に入ると、ファンが発案したというメニューが提供されています。店主に聞くと、熱心なファンが何度も試作して、そのレシピを持ってきてくれたのだそうです。ファンクラブのホームページでは、現地を訪れる際のマナーや、地元の方に積極的に挨拶《あいさつ》する「あいさつ運動」を呼び掛けています。

地域側もこうした想いにこたえ、宿泊施設「アルペンハイム山正旅館」では、巡礼者向けの「おねてぃプラン」という宿泊料金の割引プランを用意したり、アニメの背景原画展などを実施してきました。

良好な関係を築いているように見えますが、ここに至るまでの間に面白い工夫がなされています。訪れるアニメファンをどのように呼ぶかを地域住民の間で議論したのだそうです。どういうことかというと、先ほども少し触れましたが、「オタク」という呼び名は、ネガティブなイメージが付与される言葉です。特に2002年の時点では、まだそうした風潮が強く残っていました。このことで来訪者に不快な思いをさせてしまってはならないと、地域住民は巡礼者のことを「おねてぃさん」と呼ぶことにしたのです。

作品の内容も、設定こそ宇宙人が登場するなどSF的ですが、作品内で描かれるのは、日常的であたたかく、ちょっとせつないエピソードの数々です。作品の雰囲気と相まって、「優しい聖地」として、木崎湖は巡礼者から長年にわたって愛されています。

もう一つ例を見てみましょう。ゲーム『ラブプラス＋』と連携した静岡県熱海《あたみ》市における取り組みです。『ラブプラス＋』は、携帯ゲーム機「ニンテンドーDS」用のゲームソフトで、2010年6月に発売されました。2009年9月に発売された『ラブプラス』

の続編です。『ラブプラス』は、恋愛シミュレーションゲームであり、ゲーム内の美少女と恋人になるのを目指すゲームです。通常、こうした恋愛シミュレーションゲームでは、恋人になるのがゴールなのですが、本作では、ゲームをクリアして恋人になった後も引き続きゲームが楽しめる仕掛けになっていました。ゲーム機のニンテンドーDSの内蔵時計と連動した「リアルタイムクロック」によって、現実の時間や季節と同期した恋人同士の生活を送ることができたのです。

ゲーム内で熱海に旅行に行くというイベントがあったのですが、それに合わせて熱海市では2010年の7月10日から8月31日まで「熱海ラブプラス現象《まつり》キャンペーン」と銘打って、グッズの販売やイベントの実施、ツアー商品の販売などが行われました。

『ラブプラス＋』では、AR（Augmented Reality：拡張現実）技術を使ったゲームが楽しめました。ARとは、現実空間上にテキストや画像、動画を重ね合わせて見せる技術です。ARマーカーやGPS情報とデータを紐《ひも》づけて、ユーザーに提示する仕掛けです。たとえば、熱海で行われた取り組みでは、ゲーム機をかざして見ると、現実空間にゲームに登場するキャラクターが立っているように見えるARマーカーが設置されました。ゲームのプレイヤー（彼氏）がニンテンドーDS内の彼女を伴って熱海を訪れ、ARによって現実空間上に登場するキャラクター（彼女）を撮影したわけです。

ここでキャンペーン期間中に、実に面白いアイデアのサービスを提供して、話題になったホテルがあります。ホテル大野屋では、『ラブプラス＋』ユーザーに、独自のサービスを行いました。それは、「『ラブプラス＋』で泊まります」と予約時に一言添えれば、1人で宿泊しているにもかかわらず、布団を二組敷いてくれるというものでした。「そんなことで、何が嬉しいのか」と思われるでしょうか。しかし、これはコンテンツの内容やそのユーザーの気持ちを深く理解した素晴らしいホスピタリティの例です。

『ラブプラス＋』というゲームは、そもそも虚構のキャラクターとの恋愛を楽しむゲームでありながら、現実時間とリンクして季節が変化したり、AR機能によって現実空間とのつながりを楽しむものでした。つまり、そもそものコンテンツが現実空間と虚構空間の入り混じったもので、その混淆《こんとん》をユーザーは面白がっているのです。そうした場合、生身の身体としては存在しない「彼女」を、「本当はいないのだ」と言ってしまうのではなく、「お二人でいらっしゃったのですね」とお迎えするのは、大変粋な計らいではありませんか。

この遊び心がファンに受け入れられたのはもちろんですが、この試みそのものの面白さによって、ネットを中心に大変話題になりました。こうした取り組みをすることで、ホテル大野屋のブランドは、ファンの間で高まります。そうすると、「あそこは自分たちの価値観をよくわかっている」ということが伝わり、他の宿よりもここに泊まりたいと思われるようになります。また、実際に宿泊してサービスが良ければ、そのことがファンコミュニティの間で共有され、リピーターや新規顧客を獲得することができるのです。

また、コンテンツに関わる取り組みを進めていく上で、地域への還元も重要になることを忘れてはなりません。たとえば、『らき☆すた』の鷲宮では、以下のような取り組みが行われました。

2008年4月1日には、『らき☆すた』に登場するキャラクターである「柊《ひいらぎ》一家」の特別住民登録をしました。「鷲宮町特別住民票交付式」を実施して、声優に住民票を交付したのです。特別住民票は、1枚300円で1万枚の限定発行でした。これだけではそれほど特殊なことではないのですが、さらにもう一手付け加えています。それは、地域への還元策として、特別住民票の売り上げと同額の総工費300万円をかけて、2008年9月初旬に神社通り商店街に新たな街路灯を40基設置したのです。こうした、地域住民に対するホスピタリティも取り組みを継続していく上では重要です。

以上、見てきたように、かかわる人々の価値観をしっかり把握し、それに対しておもてなしを実施することで「聖地」としての格が上がっていきます。アニメやマンガ、ゲーム等のコンテンツの舞台地はたくさんありますが、すべての舞台地が多くの巡礼者に愛されるとは限りません。聖地は初めから聖地なのではなく、巡礼者や地域住民、コンテンツ産業等、かかわるアクターの相互作用で作り上げていくものなのです。

ホスピタリティやおもてなしという言葉が様々な場面で用いられますが、この言葉も、実はコンテンツと似ています。それというのも、「最上級のホスピタリティ」や「心のこもったおもてなし」と感じるかどうかは、その体験者側にゆだねられているからです。よく実施側がこういう言葉を使ってしまうのですが、どれほど贅《ぜい》をつくした対応をしたとしても、体験者が満足しなければ、それは一方的なものになるため、注意が必要です。

■コンテンツをきっかけに地域資源の良さを伝える

ここからは、コンテンツをきっかけに訪れた巡礼者が、地域資源に興味、関心を持ち、地域のファンになっていく際のプロセスを見てみましょう。

広島県三次《みよし》市が舞台のマンガ『朝霧の巫女《みこ》――平成稲生物怪録《いのうもののけろく》』（2000年）は、地域に伝わる伝承をモチーフにした作品です。作者の宇河弘樹《うがわひろき》氏は、三次に伝わる「稲生物怪

「あのパスタ」とアイスコーヒー

録」を丹念に調べた上で、現代を舞台に新たな物語を誕生させました。三次にある太歳《ださい》神社が重要な役割を果たし、単行本全巻のカバーの背景に描かれています。

本作を読んで聖地巡礼を行うと、作品の舞台を巡りながら、地域の資料館では「稲生物怪録」の展示を見ることができます。この「稲生物怪録」自体、とても不思議な妖怪譚《ようかいたん》で、泉鏡花《いずみきょうか》、荒俣宏《あらまたひろし》、水木《みずき》しげるなどによっても作品化されました。このように、コンテンツ作品そのものが、地域資源をモチーフにしている場合、作品をきっかけにして地域資源へのアクセスが促進されます。

それとは少し違った仕方で、地域への興味を喚起した事例があります。アニメ『あの夏で待ってる』（2012年）の舞台になった長野県小諸市《こもろ》にある珈琲店《コーヒー》での出来事をご紹介しましょう。小諸市内にある喫茶店「自家焙煎《ばいせん》珈琲こもろ」では、「あのパスタ」という料理が提供されています。どのパスタなのかというと、作中に登場した「見た目はスパゲッティカルボナーラなのに、味は冷やし中華」というものです（右ページ写真）。

私も、2012年9月に当地を訪れ、このパスタを食べに「自家焙煎珈琲こもろ」に立ち寄りました。長野県の9月とはいえ、晴れた日でしたから、アニメの聖地を巡って歩き回ると汗をかくような気候でした。ようやくたどり着いた喫茶店で、「あのパスタ」を頼みます。喉《のど》が渇いています。ここは珈琲店ですから、せっかくですのでアイスコーヒーを注文しました。すると、氷に満たされたグラスが出され、そこに、しっかり淹《い》れた熱いコーヒーが注がれます。

多くの喫茶店で、ホットは店内で淹れていても、アイスは紙パックから注いでいる様子を目にしますが、ここではアイスコーヒーも本格派です。そしてこれがまた美味《おい》しいのです。「あのパスタ」もとても美味しかったのですが、アイスコーヒーの味わいが忘れられません。これだけで「また来たい」そう思いました。同じように思う巡礼者が多いそうで、常連になる巡礼者がたくさんいるそうです。この店では、マイカップを置いておけるようになっていて、マスターは壁の一面を指して「ここからここまでは、『あの夏で待ってる』がきっかけで来てくれるようになったお客さんのカップですよ」と説明してくれました。

このパスタですが、マスターが発案しメニュー化するに至った経緯はとても興味深いものでした。鷲宮の成田さんの時同様、こちらに来た巡礼者も、熱心な布教活動を行ったそうです。マスターはそうして貸してもらったＤＶＤを見ていた時、職業柄、料理が出てくるところに目がいってしまったそうで、見た目はカルボナーラなのに味は冷やし中華という料理が出てきたシーンで、「これを実際に作れないだろうか」と考えたそうです。最初に試作した時はひどい味のものができたと笑いながらおっしゃっていましたが、何度か試行錯誤する中で、「お客様にお出しできる」と納得のいくものになったと言います。

私は、さらに詳しくお話を伺っていきました。実は、作中には他にも不思議な料理がいくつか出てくるのですが、なぜ、このパスタを選んだのかが気になったのです。すると、意外な答えが返ってきました。冷たい料理だからだというのがその理由です。マスターは、来店者に珈琲の香りを楽しんでもらえるように、湯気の出るあたたかい料理は香りの邪魔になるため、そもそも出していませんでした。「あのパスタ」は冷たい料理だから、珈琲の邪魔もしないというわけです。

このエピソードも、巡礼ビジネスにおける重要なポイントを教えてくれます。自分の商売の核を安易に変えてしまってはいけません。最も得意な部分、最もこだわっている部分は変えずに、かつ、コンテンツに関心を持っている人に、自然に体験してもらえるような仕組みを作るのです。そうすることで、巡礼者の中には自分の興味、関心を満足させつつ、地域に来たことによって新たな価値観にふれ、そちらにも価値を見いだしてくれるようになる人が出てきます。

岐阜県高山市が舞台となったアニメ『氷菓』では、地域の祭りである飛騨生きびな祭がファンに知られることになりました。『氷菓』には原作小説があります。米澤穂信《よねざわほのぶ》氏の一連のミステリ小説「〈古典部〉シリーズ」がそうです。高校生たちが主人公で、ミステリ小説といっても殺人事件などが起こるわけではなく、日常の中で起こる謎を解明していく物語です。

毎回、千反田《ちたんだ》えるが「わたし、気になります！」と言った謎を、折木奉太郎《おれきほうたろう》が仲間たちと協力しながら解決していきます。2012年にアニメ化され、2017年には実写映画化もされたヒット作です。

『氷菓』で描かれた高山の風景（2012年9月17日　筆者撮影）

　この『氷菓』のアニメ版では、高山市の各所が背景に描かれ、舞台となりました。特に、アニメの最終話「遠まわりする雛」では、現実の高山の飛騨《ひだ》一宮水無《いちのみやみなし》神社で行われている「生きびな祭」に関する事件が描かれます。生きびな祭とは、飛騨の未婚女性9人がお内裏様やお雛《ひな》様などに扮《ふん》して行列を行う祭りで、作中ではえるがひなに選ばれることになり、奉太郎はひなに傘を差し掛ける役を急遽《きゅうきょ》引き受けることになります。

　アニメが放映されたことで、現実の生きびな祭には、『氷菓』のファンが多く訪れました。2013年の4月3日には、62年続いた生きびな祭と『氷菓』のコラボレーションが実現します。当日は千反田える役の声優である佐藤聡美《さとうさとみ》さんのトークショーやグッズ販売、スタンプラリーや、濃飛バスによる記念乗車券の発売、ラッピングバスの運行などが行われました。

当日は、平日で雨天でしたが、2500人の来場があったとのことです。地元の方に聞いたところ、同じ条件であれば例年だと400~500人、晴れていたとしても800人程度の来場が普通とのことで、これまでにない多くの来場者を迎えたことになります。私は当日現場に赴いたのですが、生きびな行列の参列者が舞台袖《そで》から出てきた際、多くの観客がいるのを見て驚きの声をあげていましたので、やはり例年に比べると人手がかなり多かったようです。

飛騨生きびな祭と『氷菓』のコラボレーションポスター

多くの巡礼者たちが、行列の登場を今か今かと待ち構え、生きびなが登場した際には、群衆から感嘆の声が上がっていました。アニメファンは、もちろんグッズを購入したり、声優のトークショーを聞いたりするために訪れている側面があります。ですが、

一方で、小説やアニメで描かれた幻想的な祭りの「本物」を体感するために現地を訪れており、その価値を味わっているのです。

つまり、コンテンツは、様々な地域の資源にふれるきっかけになるのです。地域資源にふれることは、コンテンツの理解をさらに深めるとともに、地域への理解や愛着を深めていくことにつながります。巡礼者は、地域の文化、景観、食べ物、人柄の良さなど、現実の場所でこそ感じられるものを体験することで、その地域が「ただ作品の背景に描かれたところ」を超えた「聖地」となり、その地域を愛し、何度も訪れるようになるのです。

そのためには、地域の人々がアニメ作品について、ある程度理解していることが必要になります。熱心なアニメファンと同等の知識を全員が持つのは不可能であるとしても、作品は視聴し、キャラクターとその名前くらいは知っておいたほうが良いでしょう。これまで紹介してきた様々な工夫も、作品を見ていなければ思いつきません。

そういう意味では、地域住民向けのアニメ上映会や説明会なども、重要な取り組みとなります。小諸では、巡礼者も参加できる取り組みのアイデア出しの場を設けるなどして、訪れる人々の意見の聴取も行っています。コンテンツを通して地域資源を理解してもらおうと考えるならば、そのコンテンツやファンのことを詳しく知ることで、その方略はおのずと見えてきます。

こうした取り組みへの反応として見られるのが「仕掛けすぎてはいけない」という言説です。ファンはあざとい取り組みを見抜いてしまうので、それなら仕掛けないほうが良いというのです。正しい部分もありますが、決定的に間違っている部分もあります。仕掛けないほうが良いのなら、なぜ、こんなにも盛り上がっている地域があるのでしょうか。ここに来ている人たちはアニメファンではないのでしょうか。

そうではありません。問題は「仕掛け方」にあるのです。たとえば、アニメの舞台になった場所の雰囲気を守るために、その周辺にはアニメのパネルや華美な装飾などをせずに「何もしない」というのは首肯できます。しかし、これは、仕掛けていないのではありません。しっかりと巡礼者の価値観を理解し、「何もしない」という仕掛けをしています。

一方で、たとえば、安易な発想の商品を高額で売ろうとしたら、アニメファンでなくても腹が立ちますよね。皆さんがお好きな分野で、その分野のことを全くわかっていない人が「あこぎな商売」でお金を稼ごうとしていたらどう思われますか。逆に、その分野の常識からは外れているけれど、「そう来たか！」という面白いアイデアが感じられる工夫がなされた取り組みならどうでしょう。「行ってみたいな」「これは欲しい」そう感じるのではないでしょうか。

そもそも、アニメやマンガ、ゲーム等のコンテンツは、商業作品であれば、作為や仕掛けの塊です。巨額の予算を投入して制作されていますから、それを回収できなければビジネスとして成立しません。ファンの中には、コンテンツツーリズムに対して「アニメをお金儲《もう》けに使うなんてけしからん」と怒り出す人がいるのですが、アニメでお金が儲からなかったら、新たな商業アニメは作られなくなってしまいます。

繰り返しになりますが「仕掛けてはいけない」のではありません。仕掛けるなら、徹底的にやってクオリティの高いものを創るのです。そのクオリティの「高さ」は、コンテンツ産業がやっているようにやること、とは位相が違うことにも注意が必要です。

■伝統創造の源泉となるコンテンツ

石川県金沢《かなざわ》市の湯涌《ゆわく》温泉では、「ぼんぼり祭り」が行われています。「ぼんぼり祭り」が行われている神社の祭神は、キツネを従えた少女の神様です。毎年、神無月（10月）になると神々は出雲《いずも》に参集しますが、その時、神様が進むべき道を間違えないように、神社からの参道沿いにぼんぼりを灯《とも》します。人々は、ぼんぼりの下に「のぞみ札」という願い事

「ぼんぼり祭り」の様子

を書いたお札をつるしておきます。そうすると、その神様は道を示してくれたお礼として、のぞみ札を出雲に持っていき、人々の願いを叶《かな》えてくれるのです。

さて、この祭り、実はアニメ『花咲くいろは』で描かれた架空の祭事です。アニメを制作した富山に本社を置くピーエーワークスと地元の観光関係者が連携し、アニメで描かれた祭りを2011年に実施しました。

アニメや地域を宣伝するための一時的なイベントとしてではなく、神職による祈禱《きとう》も行われる本格的な祭事でした。地元の方に伺ったところ、もしアニメファンが来なくなったとしても、地域の正式な祭りとして継続していきたいとのことでした。実際、「ぼんぼり祭り」は、その前に行われる「ぼんぼり点灯式」（7月）とともに、回数を重ね、2018年10月には第八回湯涌ぼんぼり祭りが開催されました。

地域でいろいろと話を伺ってみると、この地域には、もともと「湯涌温泉鰈《かれい》祭り」という祭事があったそうです。その祭りが絶えてしまった後、アニメに描かれた祭りとして復活したと考えることもできます。こうした事例を目にした時、「伝統的な地域文化の破壊」などと断じて批判するのは簡単なことです。しかし、そこには強い差別意識が内在していることには注意が必要です。神社の祭りは高尚で、アニメやマンガは文化的レベルが低いものであるという意識です。上記の批判は、低級な文化に高級な文化がおかされたと言っているわけですが、本当にそうでしょうか。

遠藤英樹《えんどうひでき》氏は、エリック・ホブズボウム氏が提唱した「伝統の創造」という概念を引用して、「ぼんぼり祭り」が「伝統」になる可能性を指摘しています。「伝統の創造」は、「ある時期に考案された行事がいかにも古い伝統に基づくものであると見なされ、それが儀礼化され、制度化されること」を意味する言葉です。「ぼんぼり祭り」も観光客や地域住民によって「伝統」として認識され、表象されるようになったとしたら、アニメというポップカルチャーが「伝統の創造」を誘発するきっかけになったと言えます。もし、「ぼんぼり祭り」が今後数十年、数百年と続いたとすれば、その時は、「アニメをきっかけに実施されるようになった伝統的な祭事」と説明されることでしょう。

神社文化もアニメ・マンガ文化も、人々の想像力や創造力によって生み出された文化という意味では同じです。地域に伝わる祭りが、アニメによって新たに描き出され、それを地域側、製作側、巡礼者など、様々な立場の人々が認めて、そうした人々の力で継続されようとしています。「伝統」は、ただその形式を維持することだけが継承の方法ではありません。動的に当事者が文化を創造していくことで守られる「伝統」もあるのです。

現在「伝統」になっている文化も、当たり前ですが、地球が誕生した時からあったものではありません。どこかで誰かが始めたものが、継続され、柔軟に変化したり、一方でコアな部分は守られたりしながら、伝統になってきたのです。今を生きる私たちは、未来の伝統を生み出してはならないでしょうか。そんなことはありません。次章からは、この「創造」について考えてみましょう。

第3章　観光資源を生む「創造性」

■観光は「差異」を売る産業

極論してしまうと、観光は「差異」を売る産業です。自宅や普段生活している環境と全く同じ状態の場所を訪れるために、時間やお金を使って出かけていくことはないでしょう。見たことがない景色が見られるから、そこでしかできない体験ができるから、美味《おい》しい食べ物が食べられるから、学びたい文化があるから、見たい絵があるから、温泉に入ってリラックスできるから、など、普段過ごしている環境との、何らかの「差異」があることが、観光動機を生みます。

そのように考えると、観光者の「日常」がどういうものかによって、その人にとっての資源価値は変わってきます。たとえば、日々忙しく働いておられる方にとっては、長めの休暇を取ってリゾートホテルで何もせずにゆったり過ごすことが「非日常」になるかもしれません。普段は忙しくて一度も行ったことがない、自宅から100メートル離れた公園が「非日常」な場所にもなり得ます。航空機に乗って移動することが仕事や生活の一部になっている人にとっては、機内はもはや「日常」の空間で、キャビンアテンダントはまるでご近所さんのような存在かもしれません。つまり、非日常の程度は、地理的な遠近とは必ずしも比例しないということです。

皆さんお気づきかもしれませんが、観光資源はコンテンツと同じ特徴を持っています。コンテンツの定義の部分で、その「面白さ」は体験者によって決定される側面があることを述べました。観光資源も同様で、「差異」が魅力になるということは、多くの人にとって訪れるべき観光資源であっても、ある人にとってはそうではないという場合がありますし、当然、その逆もあり得るということになります。

たとえば、私にとってはトロントの市庁舎や街並みは、とても行きたい場所になります。わざわざカナダの都市まで行って市庁舎など見てどうするのかと思われるでしょうか。実は、映画『バイオハザードII　アポカリプス』のクライマックスで舞台になった場所なのです。超人的な力を持った主人公のアリスが、ビルを上から下に駆け降りる見せ場のシーンで市庁舎が使われています。また、トロントには、ゾンビ映画の「父」や「神様」と呼ばれたジョージ・A・ロメロ監督が住んでいたこともありますし、ロメロ監督のゾンビ映画『ランド・オブ・ザ・デッド』の舞台もあります。ゾンビ映画好きにとってはたまらない場所なのですが、これをいくら力説したところで「ゾンビ映画が好き」という人でないと、この興奮は共有できません。

ここで一つ、「差異」を利用した面白い旅行商品を紹介しましょう。それは「デジタルデトックスツアー」です。デトックス（detox）とは、detoxification の短縮形で、解毒、すなわち、毒を抜くという意味です。医療の用語ですが、美容や健康法の文脈などでも用いられている言葉です。デジタルを解毒するツアー、とはどのようなものでしょうか。本ツアーが始まると、ツアー参加者は添乗員にスマートフォンを預けなければならず、ツアー終了後まで手に取ることができません。旅行商品の内容は、座禅や写経などの心を落ち着かせるものや、五感を使って自然を感じるウォーキングなど様々です。デジタル機器を日々携帯している状態から脱して、自らの心身や周囲の環境そのものに意識を向けることを志向したツアーなのです。このツアーは、スマートフォンを日々利用している状態が「日常」となり、なおかつ、それが「ネット依存」や「SNS疲れ」などの「異常」な事態を引き起こしうる、という社会状況でこそ商品足りえるものです。

このようなツアーがあることに驚かれた方もおられるでしょうか。しかし、実は、似たような発想のツアーは、今から170年以上前にもなされていました。トーマス・クックという人が企画、実施したツアーです。近代観光の父と呼ばれ、現在も存在する観光関連会社「トーマス・クック・グループ」にもその名前が残っている人物です。

クックは1841年に鉄道を借り切って、イギリスのレスターからラフバラーまで、500人近くの人々を送客しました。その人たちが移動したのは、禁酒運動の大会に参加するためでした。禁酒運動とは、1830年代にイギリスで盛んになってくる運動です。

イギリスでは、1830年にビヤーハウス法が成立し、ビールの醸造、販売の規制緩和が行われました。その結果、3万軒のビヤーハウスが開業し、最盛期の1870年代には5万軒に達します。イギリスの飲み屋には、伝統的な「パブ」があることは有名です。1830年にはすでに4万軒あったそうで、新しく登場したビヤーハウスとの競争が起こります。そのため、客に提供されるビールの値段は下がっていき、国民全体のビール消費量は増加します。

ここで、そもそも何のためにビヤーハウス法を作ったのかを確認しておきましょう。18世紀のイギリスでは、外国産のブランデーの輸入を阻止するために、国産の蒸留酒の製造が奨励されていました。結果的に、都市に住む労働者階級の間で安い国産のジンを飲む風習が広がってしまいます。そこで、政府はアルコール度数の低いビールを飲むようにと、ビヤーハウス法を成立させたのでした。

ところが、ビールの国民1人当たりの消費量が増加したところまでは計算通りでしたが、なんと、同時に蒸留酒の消費量も増大してしまったのです。工場労働者が酒浸りになってしまうと、当然生産性が落ちますから、道徳的、健康的な面のみならず社会的、経済的な面からも禁酒運動が重視されていくのは当然です。こうした社会背景がわかると、クックが企画した禁酒運動ツアーに多くの人が参加したことの理由が理解できます。

デジタルデトックスは、デジタル機器版の禁酒と言えるかもしれません。デジタル機器を断つツアーという現象そのものは新しいものと捉《とら》えることができますが、その発想のあり方は、歴史から学ぶところ大です。今後、同様の発想で観光資源やツアー商品を開発することが可能です。このことからもわかるように、観光資源としての「差異」は、社会のありようやメディア環境の変化がもたらす場合もあるのです。

■差異を生む「創造性」

観光資源に重要な「差異」を生むものとはなんでしょうか。私は、それが「創造性」であると考えています。この時の創造性というのは、特別なアーティストが持っている力や才能のことではありません。「常識からの適度な逸脱」と理解してください。

私がこの話をする時に、いつも例として挙げるのは「ふなっしー」です。ふなっしーとは、千葉県船橋市《ふなばし》のマスコットキャラクターで、千葉県からも船橋市からも非公認です。「梨の妖精《ようせい》」という設定を持ち、激しい動きと高い声で「〇〇なっしー！」と叫ぶ様子は、それまでのご当地キャラとは一線を画した存在でした。いまでこそ高い人気と知名度を誇る「ふなっしー」ですが、登場したばかりの時は、その「異常性」に注目が集まりました。「ふなっしー」が日本テレビの『スッキリ!!』に生出演した際には、Twitter で実況がなされました。その際の Twitter の具体的な書き込みを見てみると「やばい、イカレてる、怖い」「すげえ、かわいい、ワロス」「しゃべったぁああ ww きめええええ www」「スッキリ！で放送事故!!!」といったものでした（岩崎達也・小川孔輔編著『メディアの循環「伝えるメカニズム」』生産性出版より）。「かわいい」といった好意的なコメントもありますが、常軌を逸している様子を示す表現が多く使われています。

この後「ふなっしー」は、２０１３年8月に「ご当地キャラ総選挙」で2位に大差をつけて優勝することになるのですが、登場した時には、それまでの「ゆるキャラ」というコンセプトからは、かなり外れた存在だと認識されていたのです。この「ふなっしー」が多くの人に知られるようになるまでにはいくつかの出来事があったのですが、ここでは、最初は常識から逸脱したキャラクターとみなされていたことを確認しておきましょう。

よりはっきりと、悪い評価から良い評価に転じたキャラクターがいます。それは、奈良県の「せんとくん」です。せんとくんは、奈良県で開催された平城遷都《へいじょうせんと》1300年祭（平城遷都1300年記念事業）の公式マスコットキャラクターとして2008年2月12日に発表されたキャラクターです。このキャラクターは、東京藝術大学大学院教授の藪内佐斗司《やぶうちさとし》氏による作品でした。せんとくんという名称は、公募で決定されたものです。キャラクターの図像や、この制作にかかった費用の高さ（1000万円以上）などに対して批判が集中し、市民団体がキャラクターの白紙撤回を求めて署名運動を行うに至りました。ところが、このように登場したせんとくんは、非難の集中砲火を浴びて「炎上」状態になったことで、逆に多くの人に認知されることになったのです。その後、評価が一転し、好意的に受け止められはじめます。

この二つの事例に共通しているのは、最初は常識からの大きな逸脱として登場して耳目を集め、それが、見慣れてくることで「適度な逸脱」となり、やがて「意外性」や「面白さ」と理解されるようになってブレイクしたことです。「目立つ」ということだけを考えた場合、良いことでも悪いことでも、逸脱度が高いほうが注目を集めます。取り組みを実施した際に「全く反応がない」ことは、避けたいものです。

「わしのみやMISSコン～俺の兄貴がこんなに綺麗なはずがない～」(2011年9月4日 筆者撮影)

常識からの逸脱であるがゆえに、クレームにさらされる危険性も出てくるわけですが、一部の人のクレームに対して針小棒大に対応していては、「新しいこと」は何もできません。この社会にはいろいろな価値観の人がいます。すべての人が納得する取り組みは無いと思ったほうが良いでしょう。ほぼ必ず、反対する人が出てきます。そうした声には耳を傾け、配慮する柔軟性とともに、それでも前に進んでいく勇気が必要になります。このことを考える上で、最適な事例があります。それは、鷲宮で開かれたコスプレコンテスト「わしのみやＭＩＳＳコン～俺の兄貴がこんなに綺《き》麗《れい》なはずがない～」です。

このイベントはコスプレのコンテストなの

ですが、特に「女装コスプレ」を対象にしたものです。コスプレとは、アニメやマンガ、ゲームのキャラクターを真似た恰好《かっこう》をすることを意味します。男性が男性キャラクター、女性が女性キャラクターのコスプレをすることもありますが、女性が男性キャラクター、男性が女性キャラクターのコスプレをすることもあるのです。つまり、写真に後ろ姿が写っているコスプレイヤーたちは、実は全員男性です。

本イベントは、エントリーした女装コスプレイヤーの「美しさ」と「痛さ」を競うというものです。「痛さ」というのは、痛車《いたしゃ》や痛絵馬《いたえま》と同じ用法で、「見ていて痛々しい」の意味です。女装コスプレイヤーの中には、正面から見ても女性と見紛《みまが》うほどのクオリティの方から、一目見て男性だとわかる方まで、様々な方がおられます。

このＭＩＳＳコンはその後も継続され、２０１５年4月19日には、ＫＡＤＯＫＡＷＡから発行されている雑誌『月刊ニュータイプ』30周年記念イベントとして、新宿《しんじゅく》アルタにある『森田《もりた》一義《かずよし》アワー 笑っていいとも！』が収録されていたスタジオで実施されるに至りました。その名も「久喜市商工会鷲宮支所 presents ついてていいとも！」です。ニコニコ生放送で中継され、好評を博しました。

さて、このイベントですが、実は商工会へのクレームがきっかけになって生まれたものです。前述したように、早い段階からアニメファンの存在を認識し、町内を巡る企画も実施してきたため、鷲宮神社周辺の住民には聖地巡礼のことが知られていましたし、巡礼者との交流も進んでいました。商工会に対して巡礼者のことで苦情が数多く来るということは無かったそうですが、地域住民から一件のクレームが入ります。それは、男性ファンの女装コスプレについてでした。アニメファンに寛容な地域の人々の中にも、男性の女装コスプレには違和感を覚える人がいたようです。

こういうことがあった時、皆さんならどのように対処しますか。お店でやるように出入り禁止にしましょうか。とは言うものの「ある特定の人を地域に来させないようにする」というのは現実的に難しいと思います。「女装禁止」という立て看板でも立てますか。しかし、これもまた地域の景観を損ねますし、一部の人たちの趣味をあげつらって、ことさらに禁止を明言することもまた何らかの反発を招く可能性があります。

この時、商工会が出した答えが「わしのみやＭＩＳＳコン」だったのです。これも、ストラップの分散販売や飲食店スタンプラリーと近い効果を生む取り組みです。「なんだかよくわからないので不安」と思っている方々に、その実態をしっかり見てもらおうというわけです。

私は審査員として数度参加させていただいたのですが、彼らと話して「女装コスプレイヤー」と一言で言っても様々な方がいらっしゃることがわかりました。女性らしい身体を手に入れるためアスリートのようなトレーニングを積んでいる方、ダンスをコピーして大好きなキャラクターになりきるのが面白いという方、コスプレをすることで見ている人に喜んでもらえるのが楽しいという方……。

また、参加者に聞いてみると、コスプレイベントの中には「女装コスプレ」の参加が禁止されているものがあるということもわかりました。コスプレイベントを主催している人に聞いたところ、禁止には防犯上の理由があり、過去に女装をして女子トイレに入ろうとする人が出てきたことがあったためとのことでした。私が話を聞いた女装コスプレイヤーも「一部にそういう人がいるので、禁止は仕方がないんですよ」とさみしそうに言っていたのが印象的でした。

実は、通常のコスプレイベントの中でもあまり良い扱いを受けていない人々だったのです。ですから、この「わしのみやMISSコン」は、女装コスプレイヤーの間で貴重な場だと話題になり、2回目には「鷲宮のコンテストに出たい」という人々からたくさんの応募がありました。

クレームを受けた時に、その主張をすぐに受け入れて対象となった物を隠してしまうのが「正義」でしょうか。クレームは何らかの違和感の表明です。その違和感は大きなチャンスにつながっているかもしれません。犯罪行為をしたわけでもない人を「気に入らない」と言った人がいるという理由だけで、締め出してはいけませんよね。イベントには、アニメファンのみならず、地域住民も訪れていました。女装コスプレイヤーの美しさと痛さに、時には感心の声、時には笑いが起こるあたたかいステージでした。

ただし、この時忘れてはならないのは、当事者がどう感じるのかという点です。コンテストはある種「見世物」的であり、中にはこうした扱いを良しとしない人もいるでしょう。サブカルチャーやポップカルチャーの熱心なファンには、その趣味と自身のアイデンティティが密接に関わっている人もいます。思いついたら即実行、ではなく、直接当事者に詳しく意見を聞いて、その感触を確かめてみるというプロセスが必要です。また、この際、複数の人に話を聞いてみることが大切です。1人の意見を、その集団を代表する意見とみなすのは危険です。

とはいえ、これも、あまり気にし過ぎると「常識」に回収されることになってしまいます。関わる人々への配慮は重要ですが、最後の最後は「合わない人には、残念だけど来ていただけない」というところが落としどころかと思います。様々なやり方の観光地があるわけですから、合うところに行ってもらえれば良いと考えると良いでしょう。

■社会の変化によって価値が生じる

デジタルデトックスツアーを例にして確認しましたが、「価値」は時代によって変化していきます。たとえば、「廃墟《はいきょ》」を愛《め》でる人たちや、「ジャンクション」を好む人々がいます。「廃墟」は人が住んでおらず、また現在使われていないものであり、場合によっては朽ちかけています。それは元々の価値が失われつつあるもの、あるいは、すでに失われてしまったものですが、そこに価値が見いだされています。「ジャンクション」についても、そもそも鑑賞の対象として造られたわけではなく、道路が複雑に立体交差した結果、出来上がってしまった景観ですが、そこに何らかの美を見いだすのです。

また、「工場萌《も》え」と呼ばれる価値観があります。これは工場景観を愛でる態度です。しかし、前二者と同様に、冷静に考えてみると、工場のパイプやタンクなどは鑑賞のために造られたわけではありません。むしろ、見た目より、その工場の機能を果たすのに最適な形であることが求められます。

さらに言えば、工場は時代が時代なら、むしろ忌避されるマイナスイメージの建物だったはずです。日本では高度経済成長期である１９５０年代から１９６０年代には、公害が社会問題化しました。その時期には、工場は愛でる対象にはなりにくかったでしょう。現在で考えると、たとえば、東日本大震災が原因となった事故によってその脅威が広く知られるようになった原子力発電所を考えてみてください。原子力発電所に対してあっけらかんと「かっこいい建物だ」「素晴らしい景観だ」と言うことはなかなか難しくなったと思われます。

とはいえ、こうした「事故」や「事件」、「戦争」などの人間の負の部分すら観光資源になるという側面もあります。それは、ダークツーリズムと総称されるものです。ダークツーリズムとは、井出明《いであきら》氏の『ダークツーリズム』（幻冬舎）によると、「人類の悲劇を巡る旅」です。「良いもの」「素晴らしいもの」「きれいなもの」だけが観光資源になるわけではありません。その逆に「悪いもの」「くだらないもの」「汚いもの」も人の欲望を掻《か》き立てます。これまで見てきたように、常識からの逸脱は差異であり、創造性なのですから。

言うまでもありませんが、いくら魅力的で面白いと感じたからと言って、著しく他者を傷つけたり、犯罪に当たるような取り組みは実施してはなりません。

建物や景観などに対する価値観の変化は、人間の介在しないところで勝手に起こるわけではなく、人々の工夫や取り組みによって訪れます。それは今でも盛んに行われています。たとえば、「ダム」や「マンホール」がコンテンツ化され、観光資源になっていることをご存じでしょうか。

国土交通省と水資源機構が管理しているダムでは、２００７年から、「ダムカード」が配布されています。カードの大きさは、トレーディングカードゲームのサイズと同様で、表面にはダムの名前と写真、そして、ダムの目的、型式などが記載され、裏面には当該ダムに関する詳細な情報が記載されています。２０１４年10月時点で、統一デザインのカードは３６５種類あり、ダムの管理施設などで配布されています。

これは、ダムについて人々に周知することを目的とした広報事業ですが、こうすることで何が起こるか、読者の皆さんはもうおわかりかと思います。ダム好きの人、カードのコレクターにとって、このダムカードは全種類集めたいコンテンツとなり、各地のダムを訪れる人が増加しました。

２０１６年からは、マンホールでも同じ展開がなされています。マンホールカード第１弾では30種類（28自治体）がリリースされましたが、ダムカードと同じく人気を博し、シリーズ化しました。2018年8月11日に第8弾の76種類が追加され、シリーズ累計で418種類（364自治体）になっています。

廃墟、工場、ダム、マンホールなど、そもそも観光資源としてまなざされていなかったものも、見る側の価値観の変化や、様々な仕掛けによって、資源価値が生まれたり、高まったりすることがおわかりいただけたかと思います。

地方自治体は、前例主義であったり、他の自治体に追随する形で動いたりすることが多くあります。もちろん、これが最適な方策である分野も存在します。行政サービスの中には、あまりに頻繁に方針を変更されると困るものもたくさんあります。ですから、「行政は前例主義だ！　変化が遅い！」と十把一絡《から》げに否定するのは建設的ではありません。ただ、観光については、すでに確認した通り「差異」を売る産業ですから、横並びや前例主義が行き過ぎると、画一化が懸念されます。どこも似たような観光振興を行っているように見えてしまうのです。

アニメやマンガ、ゲームをきっかけとした観光振興が、そのことだけで新奇性を持っていた時代は、もう過ぎ去ったと思ってよいでしょう。だからと言って、そういった観光振興をやる意味がないと言っているわけではありません。やるなら、ただ「他の自治体もや

巡礼者によって再現された『けいおん！』のワンシーン（2010年2月21日 筆者撮影）

っているから」「首長がやれと言っているから」といった消極的な理由ではなく、何らかの積極的な理由を見つけ、かかわる人々それぞれが満足するような形で実施したほうが良いということです。

■旅行者が発揮する創造性

『けいおん！』の舞台となった滋賀県犬上《いぬかみ》郡の豊郷《とよさと》小学校旧校舎群では面白い光景が見られます。それは、アニメ『けいおん！』の中で部室として描かれている部屋の風景です。学校の机の上に食器やお菓子類が並べられています。これは、作中のシーンが再現されたものなのですが、実は巡礼者たちが様々なものを持ち寄ったことで出来上がったものです。

『けいおん！』の中では、キャラクターたちが部室でお茶を飲むシーンが多く描かれます。キャラクターの1人がお金持ちのお嬢様という設定で、高いティーセットを持ってきます。実は、そのティーセットは現実にあるものを参考に描かれていました。ウェッジウッドの食器です。『けいおん！』にはこういう例が多く、作中で描かれたボールペンや、ヘッドフォン、楽器などがファンによって特定され、購入されました。これを意図的にやると「プロダクトプレイスメント」という手法になります。おそらく『けいおん！』の場合は、そうではなく、リアリティを追求するためにモデルとして用いた製品が、熱心なファンによって特定されてネットで発信されるという「聖地巡礼」と同じ流れを辿《たど》ったものと思われます。

ここで注目していただきたいのは、巡礼者が様々なものを持ち寄ったことで、アニメのシーンが再現されてしまったということです。この「遊び」は立派な観光資源になります。私は最初にこの状況を見た時、地域の人たちが気を利かせてシーンを再現したのかな、と思いました。事情を聞いてみると先述のような事態だったわけですが、初めてここを訪れた巡礼者はこの状況を見て感激すると思います。面白いのは、これはホスト（地域住民）がゲスト（旅行者）をもてなす、という形ではなく、ゲスト（旅行者）がゲスト（旅行者）

をもてなすという構図になっている点です。

さらに複雑な例もあります。鷲宮で開催された「WOTAKOI ソーラン祭り」がそうです。タイトルの時点で「YOSAKOI ソーラン祭り」をオマージュしていますが、そもそも「YOSAKOI ソーラン」自体が高知県の「よさこい祭り」と北海道の「ソーラン節」を交ぜたものです。さて、この「WOTAKOI ソーラン」どのようなお祭りなのでしょうか。

左ページの写真の左側では女性アイドルの方々が歌とダンスを披露しています。そして、手前にはその姿を見守る観衆がいます。それだけでは普通の野外ライブと変わりませんが、このイベントの面白いところは、右側の人たちがいるところです。ステージと地面の間にもう一つ舞台があるのがわかるでしょうか。舞台上右側の人たちは、左側のアイドルのファンで「ヲタ芸」を打つ人たちです。アニメソングに合わせて激しい「ヲタ芸」を繰り出しています。うちわやサイリウムを持った人たちもいます。

つまり、このイベントは、アイドルの歌とダンスだけでなく、ファン文化も含めて鑑賞、体験することが可能になっているのです。発案者である久喜市商工会の坂田さんは秋葉原で地下アイドルのイベントを見た時に「ヲタ芸」の面白さを知ります。激しく体を動かしながらも一糸乱れぬファンの踊りを見て、「これを鷲宮でやってもらおう」と思いつきま

「WOTAKOIソーラン祭り」の様子

す。

観衆の中には、遠巻きに見て感心している人もいれば、ヲタ芸の段に上がって見よう見まねで踊ってみる人もいました。出演したアイドルやヲタ芸を打っていた人に話を聞くと、「普段は室内でやっていることなので、開放的な場所で歌って踊れて、新鮮でした」といった感想が得られました。こうなってくると、誰が誰をもてなしているのか、よくわからなくなってきます。関わった人たちが全員満足する状況が作られています。

これは、地下アイドルとそのファンたちのヲタ芸、という都市の文化を持ってきたことによって生まれた新たな価値であると言えるでしょう。置かれる場所を変えてみる、とい

「飛び出し坊や」（左）と「飛び出し女子高生」（右）（筆者撮影）

う方法もシンプルですが、混淆《こんこう》を生み出す一つのやり方であると思います。

混淆文化の面白い例として「飛び出し女子高生」を挙げることができます。『けいおん！』の聖地とされる滋賀県犬上郡の豊郷《とよさと》町《ちょう》で見られる取り組みです。これは、そもそも滋賀県の湖東地区に多く見られる「飛び出し坊や」を見たアニメファンが考案し、それを受けて地域住民とアニメファンが共同で制作、設置したものです。

地域文化である「飛び出し坊や」とアニメキャラクターが見事に融合しています。このアイデアは、アニメファンに受け入れられ、その後、他地域の聖地にも展開しており、『たまこまーけっと』の舞台のモデルである出町桝形《でまちますがた》商店街や、『響け！ユーフォニアム』の宇治橋通《うじばしどお》り商店街などでも見られるようになりました。キャラクターも様々なものが作られています。この後考察していくように、こうした景観に向けられるまなざしは様々ですが、巡礼者と地域住民によって実現した創造的な取り組みであることは確かです。

■創造的な景観の評価と活用

こうした現象を説明するための景観論を整理しておきたいと思います。地域住民が持つ地域内部のまなざしと、地域を訪れる旅行者が持つ外部のまなざしについて、地域のアートイベントを分析した西田正憲《にしだまさのり》氏は『自然の風景論』（清水弘文堂書房）の中で、次のように整理しています。

次ページの図をご覧ください。まず、外部の人々にとって価値のある風景を発見するまなざしは「外部のまなざし」です。その場所に暮らす人々は「内部のまなざし」を通して、日常的な風景である生活景を見ていますが、普段は注視しません。当たり前の風景になっているからです。しかし、外部の旅行者は、非日常的な風景を「探勝景」として注視します（①の矢印）。また、それと同時に地域住民にとっては日常的な風景である生活景にも

内部者・外部者による風景へのまなざし
（図は岡本健「コンテンツツーリズムの景観論」より）

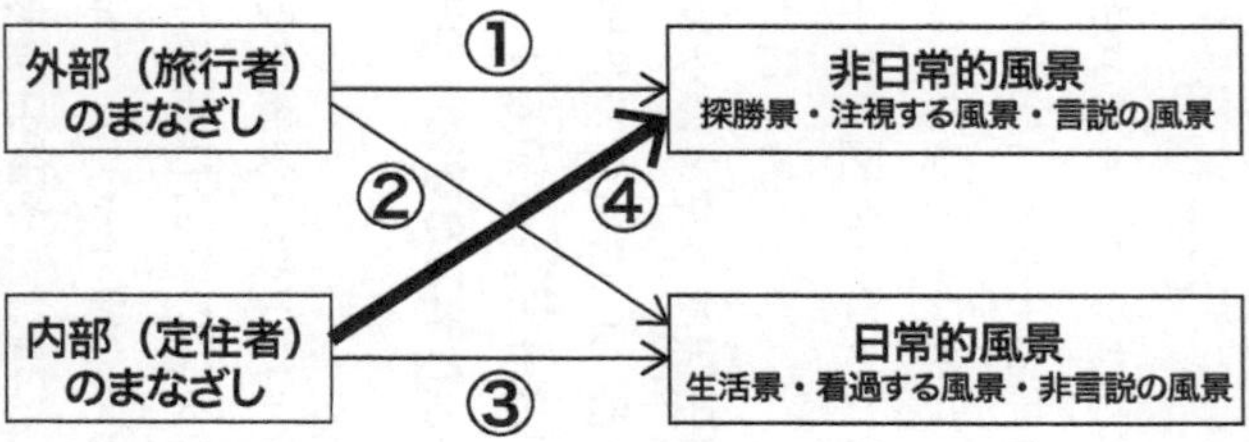

注目することになります（②の矢印）。このように、旅行者（外部）のまなざしによって価値づけられることで、地域住民も日常的風景を注視するようになります（③の矢印）。

　これと同様のことが、アニメの聖地でも起こっています。自然景と異なるのは、①が、アニメによって価値づけられた「拡張現実景観」へのまなざしであり、対象としては②と同じで地域の人々にとっての日常的風景と重なっている点です。つまり、旅行者にとっての探勝景が、地域住民の日常景と一致しているのです。さらに、③のまなざしも見られます。たとえば、『おねがい☆ティーチャー』の木崎湖では、地域住民もアニメに描かれた風景を見て日常的景観を再評価し、その景観を写真に撮影してネットで公開しています。

加えて、アニメ聖地巡礼をきっかけにした各種取り組みの中では、従来のモデルにはない視点が地域住民から注がれることもあります。それは、地域の人々が、外からやってくる非日常を楽しむまなざしです（④の矢印）。「WOTAKOI ソーラン祭り」や「わしのみやＭＩＳＳコン」では、地域の住民も普段見慣れた風景の非日常化を楽しんでいます。

こうしてまなざされる景観ですが、すべてが地域住民や巡礼者に好意的に受け入れられるわけではありません。ここで、人々にとって景観がどのように価値づけられていくかという「景観評価」の視点を導入して、さらに詳しく見ていきましょう。工場景観や橋、高架、塔などのテクノロジーによって生み出された景観である「テクノスケープ」の理論として岡田《おかだ》昌彰《まさあき》氏が提唱した、「同化と異化」、「ポジティブとネガティブ（ニュートラル）」の二軸を応用して考えてみましょう。

まず、アニメに描かれる前の地域の景観は、その地域で特に注目を集めていないような日常的な景観であり、地域になじんでしまっています。地域住民にとっては極めて当たり前の日常景観であるので、ニュートラルなイメージであると言えるでしょう。これは「埋没」に該当します。

コンテンツツーリズムにおける景観評価のプロセス
（筆者作成）

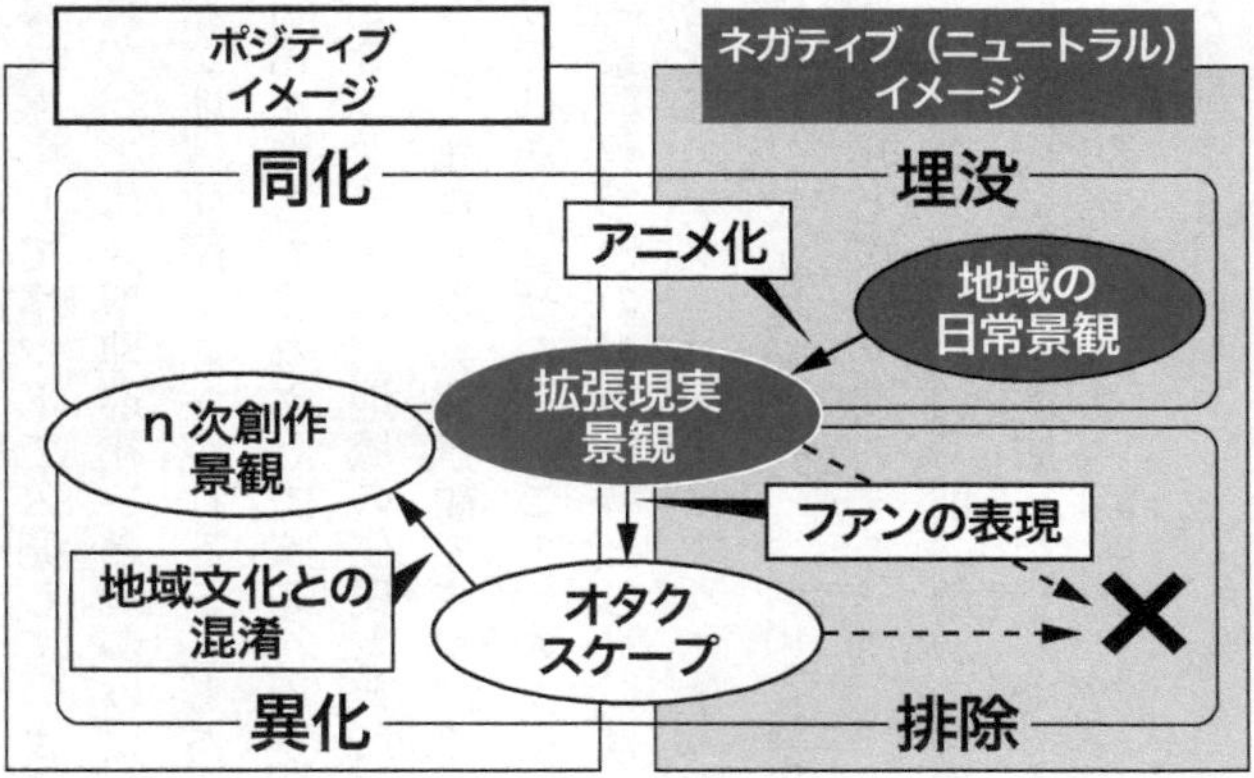

次に、地域の景観は、コンテンツに描かれることによって作品の舞台として認識されることになります。アニメによって巡礼者の「観光のまなざし」が作られ、それをもとに現地の風景を見ている状態です。地域住民にとっては何の変哲もない風景を価値ある風景として認識します。現実の風景の意味がコンテンツによって拡張されていると言うことができるでしょう。つまり、それまでは埋没していた「地域の日常景観」は、コンテンツに描かれて異化作用を受けることで「拡張現実景観」として価値づけられます。

拡張現実景観は、現実の風景に物理的に手を加えることなしに現出させることができる景観です。アニメファンはコンテンツのイメージを共有し、景観に意味を付与して楽しみます。岡田昌彰氏は著書『テクノスケープ』（鹿島出版会）の中で、「景観の価値を決めるのは、それを見る人全員である」と指摘しました。これは、景観を作る側が意図せずとも、見る側によって景観への評価がなされることを指しています。良い景観、悪い景観、といった評価は、景観を計画する側や為政者などによってトップダウン的に決定されるのみではなく、また、その景観の物理的なパターンのみで決定されるのでもないのです。

このことは、一つの物理的現実に対して、いくつかの拡張現実景観が重なり得るということを意味します。そうすると、ここに、拡張現実景観同士のせめぎ合いが起こる可能性もまた生じてきます。景観それ自体に物理的な改変がないがゆえに、当該価値観を知らない、あるいは、理解できない人には困惑や反発が生じてしまいます。何故その景観が評価されるのかがわからない、あるいは、そういった評価のされ方に違和感をもつ、といった状況ですね。

拡張現実景観は、それが「期待されたイメージ」とは異なるという理由で「排除」に向かってしまうこともありますが、地域住民が自地域の景観を見直し、異化のポジティブイメージに向かうこともあります。いずれにせよ、ここで注目しておかなければならないのは、景観自体は物理的に変化していないことと、景観の価値付けのプロセスを駆動させているのが巡礼者であることです。

さらに、景観を改変する要素がかかわってきます。アニメ聖地では、アニメ聖地となった場所周辺の商店や施設にアニメグッズが集積する、絵馬掛け所に痛絵馬が掛けられるなどして独特の景観が形成されていくことはすでに確認した通りです。このように、アニメ聖地で見られるオタク文化を感じさせる景観をオタクスケープと名付けてみましょう。オタク的な意匠が空間を彩る場所としては、たとえば、東京の秋葉原や池袋《いけぶくろ》、大阪の日本橋《にっぽんばし》が挙げられますが、それとは異なる点があります。それは、商品やその広告として彩られるのみではない点であり、また、その場所が都市ではない点です。

オタクスケープは、アニメファンによる様々な表現行為によって現出します。アニメグッズや痛絵馬、聖地巡礼ノートへのコメントなどもそうですが、コスプレをして訪れるファンや、痛車で訪れるファン、あるいはファンが地域にいることそれ自体もオタクスケープの構成要素となります。これは、個々人が全体性を考えて意図的に作り上げているわけではなく、個々人がそれぞれに対象への好意的な気持ちを表現した結果の集積によってできあがってくる景観です。

非意図的な営みですが、この景観は、次のような機能を持っています。それは、同じ興味、関心を持つ人々（同好の士）に対して働きかける機能です。同好の士にとっては、この景観を見ることで、自分の興味、関心への表出が当該地域において認められている、あるいは、拒絶されていない、と感じられることになります。

インターネットによって、自分と同じ趣味を持つ人々と比較的簡単にコンタクトを取ることができるようになっている昨今ですが、現実空間上において同じ価値観を持っているかどうかを確かめ合う術《すべ》はあまりありません。たとえ、何らかの外から観察可能な特徴によって同じ価値観を持っていることがわかったとしても、赤の他人に公共空間で突然声をかけるという状況は、現代日本ではあまり見られないでしょう。特に都市空間ではなおさらです。つまり、オタクスケープが現出することで、その価値観を理解できる人間が集う場所であることが、現実空間上で確かめられ、同好の士の間で交流が起こってくるきっかけが作られるのです。

ただし、一方で、このオタクスケープについても、違和感が表明される場合があります。オタクスケープは、一般化すると、ある価値観を愛する人たちによる愛情の表現によって現出するものと言うことができます。そのため、その価値観が理解できない人や、その価値観に反感を持つ人にとっては、違和感や嫌悪感を生じさせる景観となり、その景観を生み出したアクターそのものへの反感を抱き、排除の方向に向かうことがあります。

この違和感の原因の一つには、コンテンツ文化、という極めて都市的な文化から生まれた存在が自然景観を背景に存在することによる側面があるでしょう。コンテンツ文化と地域のコンテクストとの不和と表現することもできます。また、こうした批判は地域住民だけでなくアニメファンから出されることもあります。実は、アニメファンとひとくくりにできないほど、その嗜好《しこう》や価値観は細分化しており、アニメファンの中でも価値観のせめぎ合いが見られるほどです。

さて、ここで注目したいのは、否定的な意見にせよ、肯定的な意見にせよ、地域住民をはじめ、様々な人々の「評価」が表出する点です。「拡張現実景観」そして、「オタクスケープ」が現出することによって、「埋没」していた景観に対して何らかの価値判断をせねばならない局面を迎えるのです。

さらに、オタクスケープがきっかけとなり、都市文化的、消費文化的なコンテンツ文化が地域で表出する混淆的な景観である「n次創作景観」が現出する場合が見られました。それは外部者にとっては普段親しんでいるコンテンツ文化的な景観であり、内部者にとっては普段から目にしている日常的な景観です。しかし、同時に、外部者にとっての地域の風景は普段なじみがない非日常景観であり、内部者でコンテンツ文化になじみがない者にとってはコンテンツ文化が創り出しているのは非日常的な景観となります。つまり、外部者と内部者双方にとって、良く見知った風景である「同化」と見慣れない風景である「異化」の二律背反的な面を同時に持ち合わせた景観であるということができるのです。

この、両者にとって日常的かつ非日常的である「n次創作景観」は、その生成過程で、通常では出会うはずのなかった人と人とのコミュニケーションを生み、新たなアイデアの創出を伴います。地域住民にはコンテンツ文化の情報がもたらされ、アニメ聖地巡礼者には地域文化の情報がもたらされることになります。そうした情報のやり取りの結果、創造的なアイデアが創発され、それに対する共感や面白さをベースに協働が進んでいくのです。

たとえば、『涼宮ハルヒの憂鬱』の舞台となった兵庫県西宮市では、地域のNPO法人、西宮流《にしのみやスタイル》が「SOS団 in 西宮に集合よ！」というイベントを実施しました。本イベントでは、「栞《しおり》ラリー西宮の回遊」という取り組みが実施されました。これは、ライトノベル作品『涼宮ハルヒの憂鬱』のキャラクターを、著作権者に了承を取った上で、現実の西宮の風景に重ね、栞を作製して、25カ所の店舗や施設で配布したものです。ファンの中には

25カ所すべてを回った人もおり、市内の回遊が促進されました。スタンプラリーやグッズの分散販売によって回遊を促す方法は、『らき☆すた』の鷲宮や、『ガールズ&パンツァー』の大洗などがありますが、本事例が独特なのは、栞に使われた風景の中にはアニメに登場しないものが含まれていたことです。

実際にアニメに登場せずとも、現実空間上ではシーンとシーンの間には景観が想定できます。作品の世界観と現実空間の重なりが強ければ、アニメには登場しない西宮の風景をバックにキャラクターが描かれていても大きな違和感はないというわけです。つまり、この栞は新たな「拡張現実景観」を創出したものと位置づけることができます。そして、アニメファンが「拡張現実景観」を求めて地域を巡ることによって、そこにはまた「オタクスケープ」が現出し、これによって地域住民にも非日常が経験され、旅行者との関わりを生むきっかけになる可能性が出てきます。栞ラリーは、拡張現実景観を活用した取り組みとして興味深いものです。この取り組みにより、巡礼者はアニメに登場する場所以外の西宮の魅力を感じる機会が得られたと考えられます。

■創造性を作り出すにはどうすれば良いのか

ここからは、私たちが創造性を発揮するにはどうすれば良いかを考えていきましょう。創造的なアイデアや創作物はいったいどこから出てくるのでしょうか。プロの芸術家の作品はよく「創造的だ」と言われますね。あるいは、スマートフォンに代表されるような、これまでの携帯電話のあり方を根本的に覆してしまうイノベーティブな製品のアイデアも創造性に富んでいると評価されます。ただ、こうした例を出しても、どうしても「特別な人々」が持つ力のように思えますよね。

他に、もう少し我々の身近な存在で創造的な人たちがいます。それは小さな子供です。子供の行動やアイデアの中には「この子は天才なんじゃないか」と思われるような意外なものがたくさん出てきます。自分のことで恐縮ですが、私が幼いころ、幼馴染《おさななじみ》の女の子のお母さんを驚愕《きょうがく》させた出来事があったそうです。それは、私がその子の家でオレンジジュースを御馳走《ごちそう》になった瞬間でした。私は、グラスに入ったオレンジジュースをぐっと飲みほした後に、こう言い放ったそうです。「五臓六腑《ぷ》に染み渡る！」と。「オッサンかよ」というツッコミを入れたくなりますね（笑）。幼馴染のお母さんは驚きました。「どうしてそんな言葉を知っているのだろう？」と思ったそうです。しかも、微妙に当意即妙な感じでありながら、使っている言葉と主体のイメージがずれていて面白みを感じます。

答えはとても単純で、テレビアニメの『ドラえもん』で、主人公「のび太《た》」のパパがビールを飲みほした後に、笑顔で「ぷは〜。五臓六腑に染み渡るな！」と言うシーンがあったのです。私は、アニメキャラクターの行動とその嬉《うれ》しそうな様子から、「五臓六腑に染み渡る」の意味もわからず「美味しいものを飲んだ後に言う言葉」という理解をして、そのまま自分の行動に対して流用したというわけです。大人の目から見ると、小さな子供がおじさんみたいな言葉を使う状況が意外で面白いわけです。

同じようなエピソードは、きっとご自身の子供時代や、身近な小さな子供たちにも見られることかと思います。「十で神童、十五で才子、二十過ぎれば只《ただ》の人」なんていう言葉もあります。どうも子供の時には創造性が発揮されるようです。なぜ、このような事が起こるのでしょうか。それは、先ほどの例からもわかる通り、子供は限られた情報を組み合わせてしまうからです。褒め言葉として「常識にとらわれない」という言い方がなされることもありますね。逆に言うと、常識が身についていない状態なのです。

人は、成長していくに従って、様々な体験や知識を積み、自分が所属する文化や社会に適応していきます。それが常識を身に付ける、ということです。ですから、創造的ではないというのは常識によく適応しているということでもあります。ですが、創造的なアイデアを生み出したり、面白いことを思いついたりするには、その「常識」から外れる必要があります。

「そんなに簡単に常識を取っ払えない」という方もいらっしゃるでしょう。それは当然です。プロの芸術家ではない限り、創造的なアイデアはそうそう思いつきませんし、お笑い芸人ではない限り、そんなに簡単に面白いことばかり考え出せません。そんな時に必要なことは、意外に思われるかもしれませんが、「勉強」です。これは、学校の勉強のことを指しているのではありません。いうなれば、情報のインプットです。教養を蓄える、という言い方をしても良いかもしれません。

唐突に思われるかもしれませんが、「笑い」について少し考えてみましょう。人を笑わせる仕事をしている方々の中には、実に教養豊かな人がいますよね。よく考えると不思議ではありませんか。人を笑わせるには、馬鹿なことをしたり話したりせねばなりません。落語の噺《はなし》にも、物事の道理がわかっていない「与太郎《よたろう》」が登場し、愚かなふるまいをして、聴衆を笑いにいざないます。

「笑い」は、創造性と同じく、常識からの適度な逸脱によって引き起こされます。常識から逸脱しすぎた考えやふるまいは「笑い」よりも「恐怖」や「理解不能」という拒絶反応を引き起こすでしょう。つまり、常識から逸脱していればよい、というわけではないのです。そうすると、「笑い」を人工的に生み出すためには、その基準となる「常識」をよく理解していなければならないということになります。多くの人が「普通」だと感じている物事をよく知り、その上で、そこから適切に外れた発想や行動を創出するわけです。

もうおわかりいただけたと思います。私たちは一度常識を身に付けてしまっていますので、それをいきなり忘れて、純真無垢《むく》な子供に戻ることはできません。ではどうするか。常識とされていることを学び、知識の量を増やして、その上で、意図的に常識からの適度な逸脱を生み出すのです。この時、他者との関わりが役立つことも多くあります。

そのための方法も、書物の中にまとめられています。読書猿《どくしょざる》氏の著作『アイデア大全』(フォレスト出版)には、アイデアを出すための方法が42個紹介されていますし、同じく読書猿氏の『問題解決大全』(フォレスト出版)には、課題解決の方法が37個紹介されています。いずれも、やり方も含めて懇切丁寧に書いてありますので、是非参考にしてください。

■「創造的なもの」は人に知らせたくなる

常識から逸脱したものは、良い情報であれ悪い情報であれ、多くの人に伝わっていきます。少し極端に考えてみましょう。犯罪は悪い意味で常識から逸脱したものです。その逸脱度合いが激しければ激しいほど大きなニュースとして報じられます。災害はどうでしょうか。大きな災害がもたらす被害の様子は通常時から大きく逸脱しています。一方で、スポーツ選手や映画監督の快挙などは良い意味での逸脱ですね。日本一、アジア一、世界一と、その規模が大きくなるほどインパクトも大きくなります。

ここからはアニメ聖地巡礼を具体例に、情報がどのように伝達、伝播《でんぱ》されていくのかを見ていきたいと思います。まず、聖地巡礼者は、情報行動の特徴から三つに分けられます。「開拓的アニメ聖地巡礼者」「追随型アニメ聖地巡礼者」「二次的アニメ聖地巡礼者」です。

開拓的アニメ聖地巡礼者とは、アニメの舞台となった場所を探し出す人々です。舞台探訪者とも呼ばれる人たちで、アニメが放映されるとその舞台を競うように発見していきます。追随型アニメ聖地巡礼者とは、こうした開拓者たちが見つけてネットや同人誌で発信した情報を見て聖地巡礼を行う巡礼者です。そして、二次的アニメ聖地巡礼者は、テレビや新聞等のマスメディアや、雑誌記事、ネットのニュースなどで情報を知って巡礼を行う人々です。

これらの聖地巡礼者は、人数の規模も異なります。アニメの舞台を探し出す開拓的アニメ聖地巡礼者は、それほど多くありません。多く見積もっても数百名程度です。しかし、彼ら彼女らの影響力は決して小さくはありません。ネットにアップすることによって、「作品名」と「聖地」あるいは「舞台」といったキーワードを打ち込むと、この記事がヒットすることになるからです。コンテンツと地域の紐《ひも》づけ役であると言えます。

開拓的アニメ聖地巡礼者の情報を検索して現地に行く追随型の巡礼者は、開拓的アニメ聖地巡礼者よりも人数が多くなります。そうすると、巡礼者が地域でよく見かけられるようになり、地域の新聞やテレビ等にも取り上げられるようになってきます。

ソーシャルメディアの影響力は強くなって来ていますが、マスメディアや地域メディアの力もやはり大きく、多様なメディアに取り上げられることで、より多く、かつ様々な人に知られることになります。こうして、二次的アニメ聖地巡礼者が訪れることになります。作品のヒットの程度にもよりますが、コンテンツの舞台になったからと言って、数万人規模のアニメファンが自動的に押し寄せるわけではありません。

より詳細に、アニメ聖地における情報伝達のあり方を見てみましょう。左ページの上のグラフは、『らき☆すた』の聖地である鷲宮の「商工会ホームページ」のアクセス数の推移を示したグラフです。また、下のグラフは、『けいおん！』の聖地である豊郷のブログ

鷲宮の「商工会ホームページ」のアクセス数の推移（日ごと）

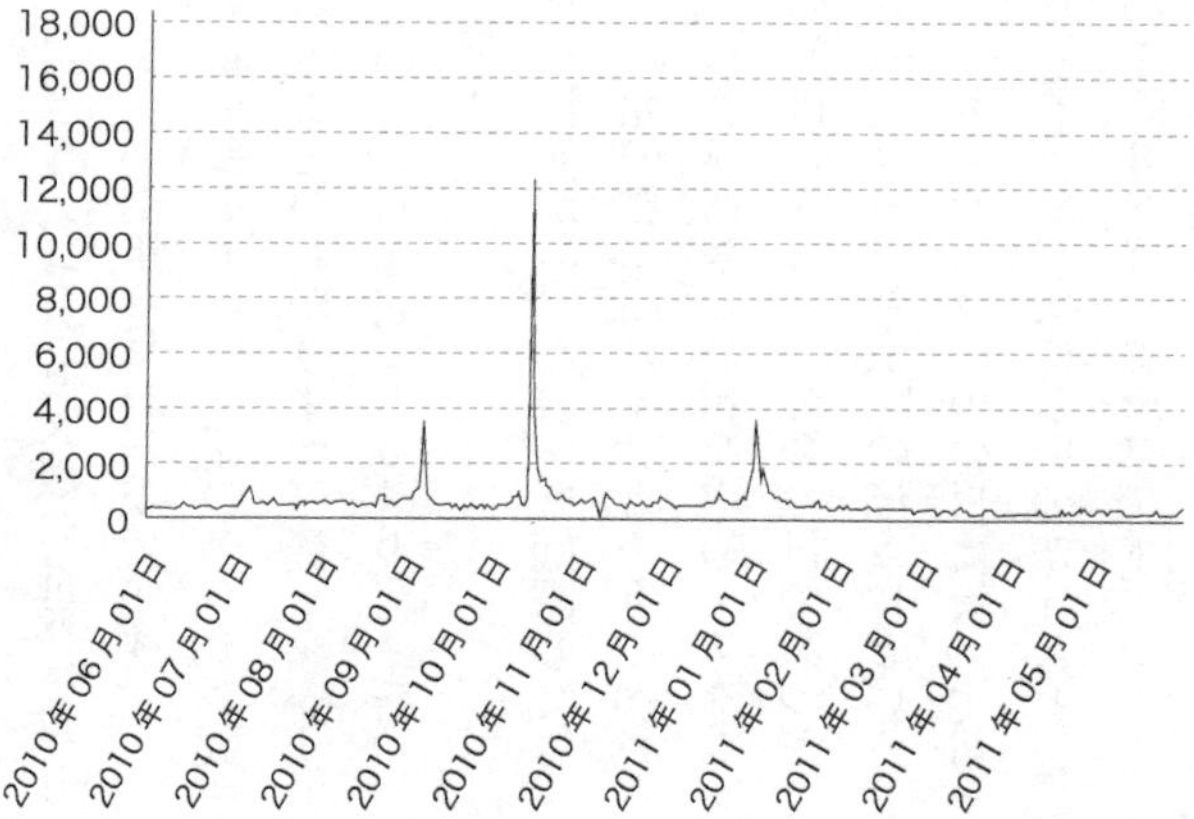

ブログ「今日の部室」のアクセス数の推移（日ごと）

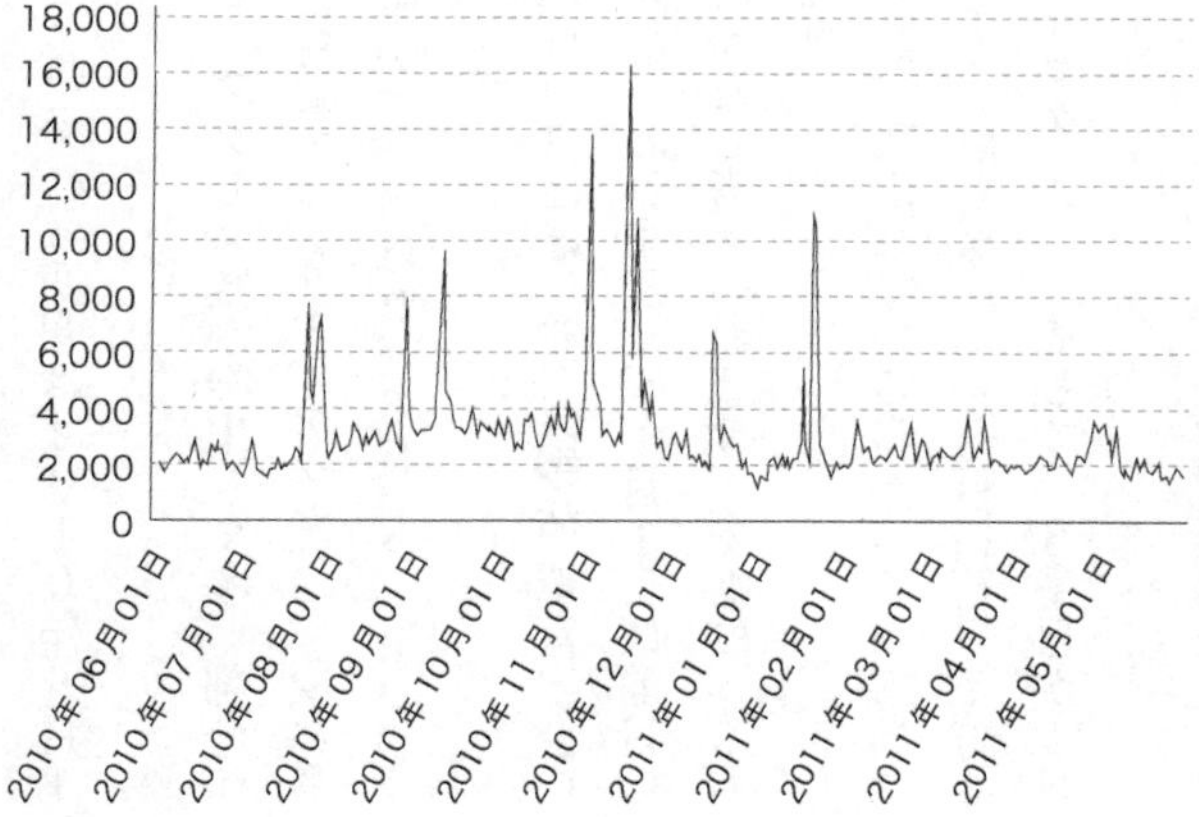

「今日の部室」のアクセス数の推移を示したものです。いずれも期間は２０１０年６月１日から２０１１年5月31日までです。

　鷲宮商工会ホームページのアクセス数を見てみると、アクセス数が突出して多い部分が三つあることがわかります。最も多かったのは10月14日（１万２２８１アクセス）、次に多かったのは１月１日（３６４６アクセス）、その次に多かったのは９月６日（３４６２アクセス）です。

　それぞれ何があった日かを確認してみましょう。10月14日には、「オタ婚活 鷲宮出会い編～三次元の君に届け～」というイベントの開催告知が行われました。１月１日は前日の大晦日《おおみそか》および初詣《はつもうで》の情報を求めてアクセス数が多くなったと考えられます。そして、９月６日の前日の５日は土師祭の日であったことが原因です。

　一方の「今日の部室」のほうはというと、アクセス数が突出している日がいくつもあります。こちらも上位三つの日に絞ってみていきましょう。最も多いのが11月14日（１万６２８０アクセス）、次に多いのが10月31日（１万３８１３アクセス）、そして、３番目が１月19日の１万８８４アクセスです。

　こちらもその理由を明らかにしていきます。11月14日は、その前日に豊郷小学校旧校舎群において開催された「ゆいあず Birthday Party ～Raspberry Sweet Teatime～」というイベントの様子が写真付きで公開された日です。これは、キャラクターの誕生日をファンが集まってお祝いするイベントです。2位だった10月31日は、前日に「とよさとあきのごはん祭り」および同人誌即売会「桜高《さくら》文化祭」が開催されていました。ここまでは、いずれもアクセス数増大の理由がわかったのですが、3位の1月19日およびその前後には、特に何もありませんでした。

アクセス数だけでは分析に限界がありますので、次に、その記事を見る前に何を見ていたのか、その「リンク元」を辿ってみました。鷲宮の10月14日のアクセスのうち5485アクセスが「Yahoo! ニュース」からでした。こうしたニュースサイトに情報が掲載されることによって、大幅なアクセス増が見込めることがよくわかります。

さて、問題の豊郷の1月19日の増加ですが、このリンク元を調べてみるとその多くが「やらおん!」というウェブサイトでした。実に7779アクセスがこのサイトからのアクセスです。この「やらおん!」というサイトはなんなのでしょうか。これは、「2ちゃんねるまとめサイト」と呼ばれるもので、いわゆる「キュレーションサイト」に該当するものです。キュレーションサイトとは、電子掲示板やSNSの書き込みをピックアップしてまとめたものです。ソーシャルメディア上の書き込みを編集したサイトです。「やらおん！」の1月19日の記事を確認したところ、「ローソンさんが今度は十六茶に『けいおん!!』ストラップをつけるぞー」というタイトルのものが見られました。コンビニエンスストアのローソンが、ペットボトル飲料「アサヒ　十六茶」（アサヒ飲料）に、『けいおん!!』（『けいおん！』の第二期）のキャラクターストラップを付けて売り出すことに関する書き込みでした。ただ、この時点では、豊郷町の話題が出ておらず、なぜ「今日の部室」へのアクセスが増加したのかわかりません。

さらに詳しく書き込みを見ていくと、ある個所で「最近はさわちゃんまであるらしいぞw」という書き込みとともに、「今日の部室」の1月16日の記事にリンクが貼り付けられていました。これが原因です。「さわちゃん」とは、『けいおん！』に登場するキャラクターで軽音部顧問の「山中《やまなか》さわ子《こ》」の愛称です。1月16日付の「今日の部室」の記事には、大雪のため、豊郷町内に配置されている「飛び出し女子高生」が雪をかぶっている様子が写真付きで記述されていました。つまり、『けいおん!!』グッズの話から、飛び出し女子高生の話題になり、そのことを紹介している「今日の部室」が参照されたため、大量のアクセスがあったというわけなのです。

つまり、情報の流通に関して言えば、現地に直接赴かない人々であっても大きく影響を及ぼすことがあるということなのです。前述のキュレーションサイトを作ることは、現地に行かなくても可能です。SNSや電子掲示板の書き込みを取捨選択してサイトにまとめ上げればよいだけだからです。私はこうしたアクターのことを「観光地と直接かかわりの無い他者」と名付けています。観光目的地には行かずとも情報の編集や発信を行ったり、観光地の現状を具体的に知らないままにその地域に関する様々な評価を発信、拡散したりするアクターです。今回のケースの場合は、キュレーションサイト自体も、そこに「あるらしい」と書き込んだ人も、いずれも豊郷を訪れていない可能性があります。

一般的な観光の情報伝達はどうでしょうか。次ページは、宿泊観光旅行の目的地を決定する際に参考にするものについて尋ねたアンケート調査結果の経年変化を示したものです。この調査自体は1964年から実施されているもので、継続的な大規模調査になっています。

この調査結果を見ると、長らく観光旅行の参考にする情報として最も高い割合を示していたのは「家族・友人の話」つまり「口コミ」でした。その一方、1999年から選択肢に入った「インターネット」が割合を増し始めます。1999年には7・3％でしたが、

国内宿泊観光旅行の参考にするもの（『観光の実態と志向』より）

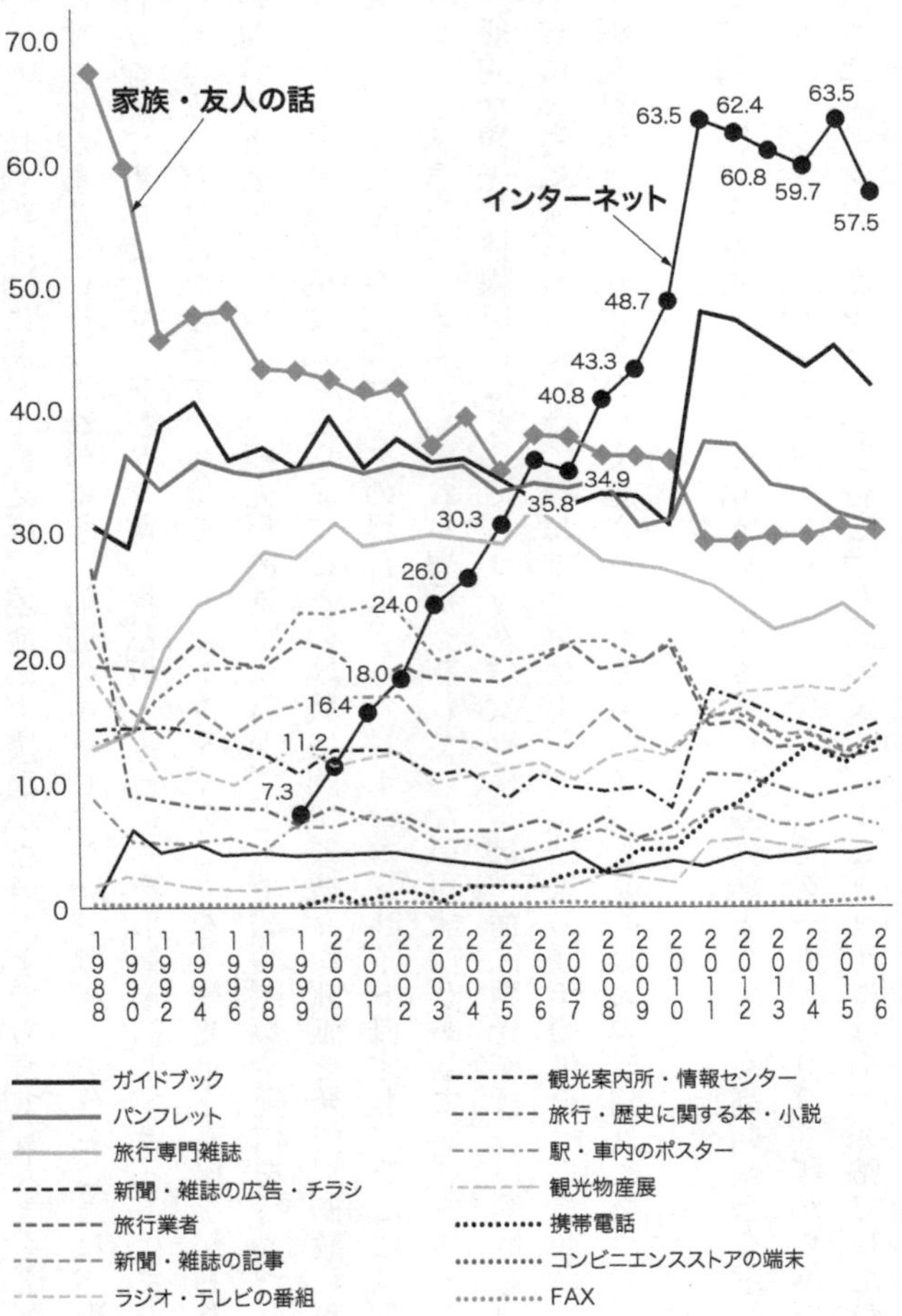

２００５年には30％を超えます。２００８年には４割を超えると同時に、「家族・友人の話」を抜き去りました。２０００年代後半以降の「インターネット」の存在感の高まりがよくわかるデータです。

ただ、ここで注意しなければならないのは、「家族・友人の話」は何も対面だけでなされるわけではないということです。当然、「インターネット」を通じて家族や友人、それ以外の個人が発信した情報を参考にすることもあるわけです。現実空間上であっても情報空間上であっても、創造的で面白い取り組みや話のネタになる出来事は、人に教えたり広めたりしたくなるものです。

どういう情報が、どんなきっかけでブレイクするかわかりません。特に、「観光地と直接かかわりのない他者」は、その名の通り、かかわりがないわけですから、操作不能です。そうすると、「マネジメントは不可能」という結論に至りそうですが、そうではありません。特定の情報が確実にブレイクすると予見するのは難しいですが、その確率を上げることはできます。大切なのは、様々な情報をこまめに発信し、蓄積していくことです。豊郷の事例でも、ブログ「今日の部室」に、日々町内の様子をアップロードしていたことが、アクセス数の急増につながっています。情報空間上に、どんどん地域の情報をため込んでいくイメージです。

第4章 現実、情報、虚構空間への巡礼

■リアル「脱出」ゲーム

ＳＣＲＡＰ社による「リアル脱出ゲーム」が人気を博しています。複数名の参加者で謎解きを行って、その場所から脱出することを目指す体験型イベントのことです。そもそもは、「脱出ゲーム」と呼ばれる、インターネットのブラウザ上でプレイされるゲームがあって、それを現実空間上で実施したものなので「リアル」脱出ゲームと名付けられました。初回のリアル脱出ゲーム『謎解きの宴《うたげ》』は２００７年７月７日に京都で実施されています。

リアル脱出ゲームに参加する方法は大きく二つあります。期間限定イベントの会場に行く方法と、都市部に開設されている「ＳＣＲＡＰ常設店舗」に行く方法です。私は、２０１８年に京都にある常設店舗「アジトオブスクラップ京都」の「公演」に参加しました。

リアル脱出ゲームには、オリジナルの「公演」もありますが、様々なコンテンツとのコラボレーション企画も存在します。たとえば、２０１１年には『新世紀エヴァンゲリオン』、２０１２年には『宇宙兄弟』や『バイオハザード』、『金田《きんだ》一《いち》少年の事件簿』、そして、２０１３年には『名探偵コナン』、２０１４年には『進撃の巨人』、『DEATH NOTE』『ONE PIECE』などの作品とコラボした公演が行われています。

このゲームは「公演」と呼ばれている通り、演劇的な要素が強いものになっています。公演の参加者は、主催者側が仕掛けた謎を、それぞれが役になりきりながら解いていきます。私が参加した時には、ビルの一室を魔王の城として、赤と白のマーブルのタオルを肉に見立てるといった具合に、様々なモノに意味を付与していました。また、参加者だけでなく、主催者側から物語の説明、進行役や、謎解きを進めていく際に必要になるアクターが複数名登場し、まるでその場が劇の舞台のようになります。

様々なコンテンツとのコラボ企画があることからもわかる通り、「今、ここ」とは異なる虚構空間を想像し、その世界観を借りながら、目の前の謎を解いていくという仕掛けです。そこでは、参加者は現実空間上での役割とは別の「役割」を演じることになり、非日常的な体験ができます。場所やモノに「意味」を持たせる、いわば「ごっこ遊び」をし、それを楽しむためにその「場」に移動する観光であると言えるでしょう。言葉遊びですが、現実空間上にありながら普段の現実からは遊離した体験を行うという意味で、リアル（現実）を脱出する「リアル脱出ゲーム」だと言ってもいいかもしれません。

また、この公演への参加は、SNSを通じて呼びかけが行われることもあります。Twitter で特定の公演に参加する旨をツイートし、それ以前に会ったことがない人がそれに呼応し、現地で落ち合って共に参加する様子も見られました。つまり、現実空間、情報空間、虚構空間が入り混じった遊び方になっているのです。また、一方で、リアル脱出ゲームはゲーム内の「謎」が広く知られてしまっては意味がありませんので、謎の答えやヒントについてはネット等への書き込みをしないようにと注意されます。デジタルゲームの攻略情報が盛んにネット上にアップされている今、こうした「秘密」が守られている点も面白いところです。

「リアル脱出ゲーム」に限らず、こうした特徴を持つ活動が人気を博しています。たとえば、TRPG（テーブルトークアールピージー）や、ボードゲームカフェ、サバイバルゲーム、コスプレイベント、ファンランなどです。これらは、それぞれに異なる活動ですが、いずれも特定の場所（現実空間）に人が集い、モノを媒体にして虚構空間を生み出して、それを共同で楽しむという点で共通しています。またそのプロセスの様々な場面に情報空間が介在していることも共通点です。

アニメやマンガ、ゲームなどのコンテンツ作品をモチーフにしたミュージカル「2・5次元舞台」や、生身の人間ではなくキャラクターを用いて実施する「ヴァーチャル・ユーチューバー」なども人気を博しています。こうした「2次元」と呼ばれる虚構空間と「3

名古屋駅前で見られた風景

次元」と呼ばれる現実空間との「間」を志向するあり方には、なんらかの社会的、心理的要因が通底しているように感じられます。

■『Pokémon GO』とアニメ聖地巡礼

写真をご覧ください。これは名古屋《なごや》駅の近くで見られた光景です。この人たちは何をしているのでしょうか。共通点は、皆日陰で立ち止まって、スマートフォンやタブレット端末に目を落としていることです。この場所は、バスターミナルの近くではあるのですが、バスの停留所になっているわけではありません。夏ですので確かに日なたは暑く、日陰に入りたいというのはわかりますが、なぜわざわざこんなに狭い通路に集まらなければならないのでしょうか。

実はこの人々は、現実空間上では言葉を交わしていませんが、ゲームの世界の中では協力して、強大な鳥型のモンスター「フリーザー」と闘っています。それぞれのプレーヤーが自分の保有するポケモンを送り込み、立ち向かっているのです。

そう、ここに集まっている人たちは『Pokémon GO』のプレイヤーです。ジムと呼ばれる場所で、参加メンバーを募り、1人では勝つのが難しいボスポケモンとその場にいる人々で協力して戦います。この「レイドバトル」が行われると、現実空間上では写真のような風景が見られるのです。

『Pokémon GO』が日本でリリースされた時の狂騒は、記憶に新しいかと思います。本作は、『ポケットモンスター』の世界観を用いたスマートフォン用の位置情報ゲームです。Niantic, Inc.（ナイアンティック）と株式会社ポケモンが共同開発したもので、iOS と Android に対応したアプリケーションです。日本でのリリースは2016年7月22日でしたが、そのリリース前から話題沸騰でした。

それというのも、『Pokémon GO』は日本配信に先駆けて7月6日にアメリカやオーストラリアなどで配信され、その後1週間ほどで、Twitter の利用者数とならぶアクティブユーザーを獲得していたからです。その後、ドイツ、イギリス、イタリア、カナダなどで配信されていきましたが、日本での配信がいつなのか、正確な情報はなかなか発表されませんでした。私は、すでに配信されている国々で起こった様々な社会現象が、お昼の情報番組で話題として扱われているのを、非常勤講師先の大学に向かう途中の自家用車の中でテレビから流れる音声で聞いていたのを覚えています。つまり、日本では『Pokémon GO』について、元のコンテンツそのものである「第一次テクスト」よりも、コンテンツに関する情報である「第二次テクスト」の方が先行してもたらされ、テレビのコンテンツになっていたのです。

『Pokémon GO』が日本で配信されると、様々な出来事が起こりました。その中には、社会的に悪いとされていることも、良いとされていることも含まれていて、様々な場面で議論を呼ぶことになります。

マイナス面としては、ゲームに夢中になって危険な場所や立ち入りが禁じられている場所に入ってしまう人が出たり、ドライバーが運転中にゲームをプレイしていた結果痛ましい交通事故が起こったりといったことが問題になりました。実際にプレイしてみると、自分が歩くのと同期してゲーム内のアバターが道を進んでいくのが物珍しくて面白いのと、ポケストップやジムの位置を確認するため、そして、ポケモンの出現を見逃さないために、ついつい画面を見ながら歩いてしまいました。

問題になった出来事のほとんどは、この「ながらスマホ」によるものです。スマホ画面を見ながら歩行すると、視野が狭くなるとともに、情報空間や虚構空間の出来事に意識が向き、まっすぐ歩いているつもりでもふらふらとした足取りになってしまいます。『Pokémon GO』とは直接関係ありませんが、この「ながらスマホ」の様子をゾンビのようだとしてスマートフォンとゾンビを合わせた用語「スモンビ」(smombie)という言葉も生まれました。

そう考えると、『Pokémon GO』というコンテンツ単独の問題というよりは、スマホというメディアが構造的に持つ問題であると言えそうです。認知心理学的観点から説明すると、注意資源の分配が、目の前の出来事に対してではなく、スマホに対して多くなされてしまった結果、自動車の操作ミスが起こったということになります。情報空間への窓として機能するスマホは、利用者の精神的移動を促して、意識を「今、ここ」から旅立たせてしまうのです。

そうした現象への対応策として、『Pokémon GO』には、速度制限がかけられ、「周りをよく見て、常に注意しながらプレイしてください」「画面を見続けながら歩くことや、運転中のプレイはやめてください」「許可なく立ち入ってはいけない場所や建物には、決して入らないでください」といった注意書きが表示されるようになりました。ゲームルールの変更や追加が、現実空間の出来事からの要請によって行われた形です。

実はこの現象は、アニメ版の『ポケットモンスター』ですでに見られました。いわゆる「ポケモンショック」です。１９９７年に放送された番組内で、激しい光の明滅が数多く用いられたため、視聴者の中に光過敏性発作を引き起こす人が出た問題です。これによって、やはり『ポケットモンスター』そのものへのバッシングが強まりましたが、これも作品の内容に起因するものというより、テレビというメディアにおける表現の一つが引き起こす現象でした。

その後、テレビ画面には、『ポケットモンスター』ではもちろん、それ以外の番組でも、激しい光の明滅や画面の至近距離での視聴に対する警告が表示されるようになりました。テレビアニメだけでなく、ニュース番組などでも、カメラのフラッシュが連続してたかれるような場面では、現在でも注意を促すテロップが出されています。

コンテンツやメディアは、新しいものが登場すると、必ずそれに対するバッシングが起こります。新たなメディアがもたらす変化への不安や恐怖が反映されるのです。こうした態度は、新しいメディアやコンテンツを嫌悪しているように見えて、その実、影響力を過剰に強く見積もっている場合があります。特定の技術によって社会や人間の動きが変化したという考え方を技術決定論と言いますが、多くの場合、技術の変化だけで人間や社会のありようを完全に説明することはできません。新しいメディアやコンテンツが登場した時は、それを冷静に分析し、何が問題なのか、どうすればその問題を解消し、人間にとって、社会にとって有用な使い方が可能にできるのか、それを考えたいものです。

一方の「良い」とされる面としては、運動不足の解消や、自殺の名所とされていた場所がポケストップになったことによって常に人がたくさん訪れるようになり自殺防止につながったこと、ポケストップにルアーモジュールを刺すことでポケモンの出現確率を上げて商店街活性化に貢献したことなどがメディアで報じられました。

こうした出来事の中に、『Pokémon GO』によって、引きこもりやうつ病が治った、というものがありました（島田裕巳『スマホが神になる』角川新書）。モバイル機器を携え、移動する我々の生活「モバイル・ライフ」においては、インターネットやモバイル機器の使用方法を間違えることで、心理的な疲労や、それに関連する病的な症状が生起する可能性が高まります（エリオット、アーリ　２０１６）。そう考えると『Pokémon GO』がもたらしたとされる治癒効果は、モバイル機器やネットワーク社会のもう一つの側面に光をあてる現象だと言えるでしょう。

現実空間上の社会関係などに困難を抱えている場合、情報空間や虚構空間への親和性が増している場合があります。そうした時には、虚構空間と現実空間がなんらかの形で接続されることで、現実空間での居場所が見つかることがあるのです。アニメ聖地巡礼やコンテンツツーリズムの現場においても、同様の事態が起こるのは珍しくありません。アニメの背景のモデルとなった現実の場所を訪れ、そこで出会った同好の士や地域住民などと関係を取り結ぶことで癒《いや》され、引きこもりや対人恐怖症が治ったというエピソードを複数の巡礼者から聞いています。

アニメ聖地巡礼、コンテンツツーリズムにおけるコミュニケーションのあり方に着目してみると、アニメファンは、匿名ではあり続けるものの、他の巡礼者や地域住民に特定され、交流の回数を重ねて親密性を増していくプロセスを経ていました。アニメファン同士では、ファンコミュニティ内でハンドルネームと呼ばれるニックネームで呼び合う慣習がありあます。これはネットを通じてやり取りする情報空間のみならず、コミックマーケット等の同人誌即売会や現実空間で出会うオフ会、ライブやイベントが開かれる現実の場所においても同様です。

アニメ聖地巡礼では、従来の観光的な価値に照らすと観光資源にはならない場所、住宅街や公園、神社仏閣等の生活景観などが、アニメの背景になったことによって聖地化し、観光の対象となりました。それによって、事情を知らない地域住民が驚いたり、ファンの中には情報空間や虚構空間の慣習を現実空間に持ち込んでしまう人もおり、そうした価値観を理解しない、あるいは、否定的な見解を持つ地域住民や他の旅行者との齟齬《そご》やトラブルに発展したりするようなケースも見られました。

ところが、すでに紹介した通り、いくつかの地域では、アニメファンは地域住民と関係を取り結び始めます。アニメファンは地域住民に対しても本名は名乗らず、ハンドルネームを伝えることが多く見受けられます。ハンドルネームは、情報空間で使用した場合は、使用者の外見との接続はなくても構いません。名前やアイコン（アバター）だけが画面に表示されることになり、完全に匿名で存在できます。

ただし、現実空間で自らの身体や顔を晒《さら》して名乗った場合は、本名でなくても、その存在を特定する名称として機能することになります。匿名的なハンドルネームを名乗ってはいても、存在は現実空間にあって、その存在のラベルとして機能するわけです。筆者が話を聞いた巡礼者は次のように話していました。自分が住んでいる場所では近所の人の顔も知らないけれど、アニメ聖地では色々な人に名前（ハンドルネーム）を呼んでもらって「元気？」などと声をかけてもらえるので嬉《うれ》しい、というのです。

『Pokémon GO』でも、同様の事態は十分に起こり得ます。『ポケットモンスター』シリーズが連綿と作り上げてきた虚構空間に対して親和性が高くなっている人が、『Pokémon GO』という現実空間上の移動を要請するコンテンツを体験すると、否応《いやおう》なしに外に出かけるようになります。『Pokémon GO』は、現実空間上での移動なしにゲームを楽しむことができない仕様になっているからです。ポケモンを捕獲するためのモンスターボールは、ポケストップやジムといった、どの端末にも同じように表示される場所に行かなければ手に入りません。そのため、現実空間上の特定の場所を訪れることになるわけです。岡田《おかだ》尊《たか》司《し》氏の著書『うつと気分障害』（幻冬舎）などによると、うつ病の治療には、太陽を浴びながら適度な運動をすることが有効とされており、コンテンツが散歩を促したために病気が治癒した可能性は十分にあります。

■位置情報ゲームと地域の表象

『Pokémon GO』（２０１６年）は、二つの系譜に位置づけることができるゲーム作品です。一つは、任天堂が１９８９年に発売した携帯ゲーム機である「ゲームボーイ」のソフトとして発売された『ポケットモンスター赤・緑』（１９９６年）から続く一連のシリーズの一作品という位置づけです。『Pokémon GO』で重要なのは、『ポケットモンスター』に登場するモンスターを現実空間を歩き回って捕まえることにあります。完全にオリジナルなモンスターではなく、リリース時にすでに絶大な人気を獲得していた「ポケモン」だったことには大きな意味がありました。

そして、もう一つは、位置情報ゲームの系譜です。徳岡正肇《とくおかまさとし》氏によると、位置情報ゲームのルーツは、オリエンテーリングやスタンプラリーと考えられ、日本における位置情報ゲームの草分けはフィーチャーフォン用ゲーム『コロニーな生活』（２００３年）だといいます。位置情報ゲームは、携帯電話のＧＰＳ機能を利用したもので、現実の場所を移動することがゲームプレイに影響を及ぼすタイプのゲームです。

カーナビや携帯電話、スマートフォンに表示されるＧＰＳ機能付きのデジタル地図を用いながら移動することができるようになり、人々が移動する際の行動や意識は大きく変容しました。これらの体験と紙の地図を見ながらの移動には、一つの決定的な差があります。それは、「自分の位置」を示すものが画面に表示されている点です。

紙の地図に自分の位置がリアルタイムで表示されることはありません。自分の位置は、紙の地図に描かれている建築物や構造物の情報と、自分が見ている景色から得られる情報を照合して、「自分はこのあたりにいるはずだ」と推測するほかありませんでした。ところが、カーナビや、スマートフォンのマップでは、自分がいる位置そのものがメディア上に示され、それがリアルタイムで動いて見えるようになりました。ここからは、こうした位置情報を活用したゲームと観光の関わりについて詳しくみていきましょう。

『Pokémon GO』を制作したのはNiantic, Inc. という会社ですが、Niantic, Inc. は、その前に『Ingress』（２０１３年）という位置情報ゲームを制作していました。『Ingress』はGoogle マップを活用して作られたもので、『Pokémon GO』の「ポケストップ」の初期配置には、この『Ingress』の「ポータル」（プレイヤーが立ち寄るべき場所）として、ユーザーによって登録されていた場所のデータが使用されています。

こうしたアプリは、位置情報を含め、ユーザーの様々な情報を収集することができるツールになります。アプリを作る側の利益は、使用しているユーザーの情報をリアルタイムで収集することにあると言っても過言ではありません。

さて、同じ会社によって制作され、Google マップを活用し、かつ、データが活用されてはいますが、『Ingress』と『Pokémon GO』は、ゲームのルールや世界観、レイアウトなどがかなり異なっています。それゆえに、どちらかの作品しかプレイしていない層も多いと思いますが、これをどちらもプレイした場合は、複数の虚構空間が現実空間に重なることになります。

『Pokemon GO』には、プレイヤーが訪れるべき場所が2種類あります。1つは「ポケストップ」で、1つは「ジム」です。ポケストップになっている場所に近付いてスマホを操作することでゲーム内で使えるアイテムが手に入ります。ジムでは、先ほど解説したボスポケモンとの「レイドバトル」や、プレイヤーのポケモン同士が闘う「ジムバトル」などができます。

一方で、『Ingress』は「ポータル」と呼ばれるものしかありません。プレイヤーは「エンライテンド」と呼ばれる緑色の陣営か、「レジスタンス」と呼ばれる青色の陣営に属し、ポータルの取り合いを行います。

つまり、同じ場所であっても『Pokemon GO』のプレイヤーと『Ingress』のプレイヤーとでは、ゲーム内での意味が違っているのです。しかも、実は「ポータル」として登録されているのに「ポケストップ」にも「ジム」にもなっていない場所や、その逆もあります。

このように、同じ場所であっても、その描写のされ方や、ゲーム内での役割が違っていることで、その場所の見え方は大きく違ってきます。まさに、『Ingress』のキャッチコピー「The world around you is not what it seems.」（あなたの周りの世界は、見たままのものとは限らない）は、このことをよくあらわしています。これは位置情報ゲームに限った話でなく、通常のマップなどでも同じです。どれだけ緻密《ちみつ》なマップを作ったとしても、現実空間上にある情報から、何かを抽出し、何かを捨て去っています。これが情報の「編集」です。人の移動を促す際に、どのような情報をどのように見せるのか、これによって人がどこを目指し、どのように動くのかが左右されます。

■コミュニティ・オブ・インタレストと地域の出会い

『Pokémon GO』を観光、地域振興に用いる試みは様々なところで実践されましたが、それぞれ作品とのかかわり方が異なっています。まずは、おそらく一番よく行われた方法として、ポケストップにルアーモジュールを刺して集客につなげるものがあります。

これは、ポケモンの出現確率を一定期間上げるゲーム内のアイテム「ルアーモジュール」の性質を活用したものです。他のスマホゲームやブラウザゲームでは、こうした課金アイテムは金銭を支払った人の端末にだけ作用するのですが、ルアーモジュールの効果は、当該ポケストップ周辺のすべての端末に及びます。商店側は、ゲームの課金アイテムを活用しているだけですから、別途コンテンツ使用料などは発生しません。

次に、『Pokémon GO』のマップを配布したところもあります。「日本の聖地 天橋立《あまのはしだて》 三《さん》所詣《しょもうで》 GOワールドマップ」がそうです。これは、京都府と Niantic, Inc. との観光振興に関する連携に基づいた公式マップで、マップの凡例にはジム、ポケストップ、観光名所、トイレ、休憩所、駐車場、案内所、コンビニ、とあります。一般的な観光マップに虚構空間上のジムやポケストップが組み込まれた作りになっている点が特徴的です。

さらに、この取り組みでは、タイトルに「三所詣GO」とあるように、裏面は、智恩寺《ちおんじ》文殊堂《もんじゅどう》、元伊《もとい》勢《せ》籠《この》神社、成相寺《なりあいじ》の3カ所をめぐるスタンプラリーの台紙となっています。ゲーム内マップに紙メディアのマップで情報を付加することで、『Pokémon GO』を楽しみながら地域を巡らせる仕掛けです。これも一つの「編集」の妙と言えるでしょう。

さらに、２０１７年8月9日から15日には、株式会社ポケモンが主催する街型イベント

「ピカチュウだけじゃない　ピカチュウ大量発生チュウ！」が、神奈川県横浜《よこはま》みなとみらいエリア一帯で開催されました。同時に、国内初の『Pokémon GO』公式イベントである「Pokémon GO PARK」も開催され、多くの人でにぎわいました。

そこでは、普段は中々遭遇できないモンスターの出現確率が上げられており、これまで登場していなかった伝説ポケモンの「ミュウツー」がレイドバトルに登場するなど、虚構空間での利得が得られる仕組みになっていました。本イベントには２００万人以上のプレイヤーが集まり、１億２０００万匹以上のポケモンが捕まえられたと発表されています。

また、会場には、リアルジム、リアルポケストップという、ジムとポケストップの立体造形も展示されました。虚構空間内の物体を、現実空間で再現したものです。訪れた人々は、リアルジム、リアルポケストップを背景にＡＲでポケモンを重ね、その写真を「Twitter」等のＳＮＳにアップしていました。これもまた、現実空間、虚構空間、情報空間が入り混じった楽しみ方です。

こうした写真は、たとえばさらに Twitter や Facebook に投稿することも可能ですし、メールやメッセージで個人宛てに送ることもできます。そして、それが面白いと思われれば、さらに拡散されていくでしょう。面白いことに、Instagram、Twitter、Facebook、それぞれで拡散されやすい書き込みの傾向は異なっています。同じＳＮＳでもユーザーは重なりつつも違っていて、その場特有の「文化」があります。

つまり、虚構空間のみならず、情報空間も一様ではないということです。虚構空間も情報空間も、その中に様々な世界を内包していて、大小様々な泡状の世界の集合として捉《とら》えることができます。それが、位置情報で現実空間上と紐《ひも》づけられているという状態です。観光、地域振興に活用する際には、ＳＮＳそれぞれの特徴をよく知っておく必要があります。

最後に、２０１６年9月17日に日本で初めて実施したファンイベントとして「ポケモンGO サードサタデー」が開催された北海道江別《えべつ》市の事例を見てみましょう。本イベントはアメリカの「Fev Games」が主催したものです。「Fev Games」(https://fevgames.net/)は、『Ingress』や『Pokémon GO』についての情報を発信しているウェブサイトです。当サイトでは、２０１４年12月から『Ingress』のイベント「Ingress First Saturday」(以下、ＦＳと略記)を実施していました。本イベントは、サイトで世界中から参加地域を募り、開催希望地はエントリーして参加する形式のものです。２０１６年8月４日、ＦＳの『Pokémon GO』版と言える「Pokémon GO Third Saturday」(以下、ＴＳと略記)の告知が

「Fev Games」のサイトでなされました。

「北海道江別ポケモン GO サークル」代表の三浦嘉大氏は、以前から Google マップや『Ingress』に関心を持ち、当該サイトで情報を得ていました。ＴＳの告知を見て「このイベントにエントリーすれば、江別が日本で最初の開催地になる」と思い申し込んだそうです。「Fev Games」が提示したゲームの統一ルールは次の五点でした。「1．獲得した経験値　2．捕まえたポケモンの数　3．歩いた距離　4．上がったレベル数　5．最終集合場所のジム保有チーム」です。

このゲームを遊ぶためには、ポケストップやジムがそれなりの数必要になります。会場のＪＲ江別《えべつ》駅周辺は、江別市のいわゆる旧市街で、都市と地域に分けると地域に属する場所です。ところが、虚構空間内では様子が異なりました。さすがに東京や名古屋、大阪などの中心市街地に比べると数は少ないのですが、ゲームをプレイするのに充分な数のポケストップやジムがあるのです。地方に行くと、郵便局と公園くらいしか登録されていないことはよくあり、基本的には都市部のプレイ環境の方が良いのです。

これは、『Ingress』のポータルが多かったために起こった現象です。三浦氏によると、この状況を作り上げるのに力を尽くしたのは、マンガ家でイラストレーターである木野陽《きのひなた》氏であったといいます。江別市出身の木野氏は、地元にポータルがほとんどない状況で、様々な物や場所を申請していきました。木野氏は、その様子をマンガに描き、SNSの「Google＋」で公開しています。本作では、「野幌屯田町《のっぽろとんでんちょう》公園」をポータルとして『Ingress』に申請する際、子供のころに公園を巡り歩いた「冒険のワクワク」を感じる主人公が描かれています。

実際に歩いて調べてみたところ、公園や郵便局などがポケストップやジムになっていましたが、興味深かったのは、江別駅近辺にあるポケストップの多くが「れんがギャラリー街路灯」だったことです。これは、街路灯の柱部分がガラス張りのギャラリーボックスになっており、アーティストの作品が展示されているものです。ポータルを多数申請できたのは、33基ものギャラリー街路灯の存在が大きかったでしょう。もちろん、この街路灯を作った時には思いもよらない活用法だとは思いますが、これが「あった」おかげで、ポケストップやジムにつながったのです。現実空間の物を、人が選別して申請し、それが情報として登録されたことによって、虚構空間の豊かな環境を作り上げたのです。

日本で初の開催となるTSについてネットを通じてイベント告知をすると大きな反響がありました。安全に配慮して40名限定としたところ、数日で定員を満たしてしまったといいます。木野氏も、この取り組みに対してオリジナルイラストを描いて支援します。当日は、参加者以外にも、ともにイベントを楽しもうと多くの人が集まりました。三浦氏によると、『Ingress』ユーザーとは異なる層の人々が多く参加したそうです。『Ingress』と『Pokémon GO』はいずれもNiantic, Inc.の、同じ位置情報ゲームであることから近いコンテンツとして語られますが、ユーザー層はかなり違っています。『Pokémon GO』が登場してから、急に問題行動が大きなニュースになったことからもそのことがわかります。

江別でのＴＳ開催に際しても、当時マスメディア等で報道されていたニュースを背景に、問題行動が起こらないかと不安の声が上がり、警察からも問い合わせが来たといいます。そこで、「北海道江別ポケモンGOサークル」メンバーは、公式ルールには無いルールの追加を思いつきます。『Pokémon GO』はゲーム内で、赤、青、黄の３種類の色の陣営に分かれているのですが、それぞれのチームにイベント特製のゴミ袋を配付し、回収したゴミの数を競うというものです。

ちょうど、テレビやネットで『Pokémon GO』プレイヤーがたむろすることによって公園がゴミだらけになったというニュースを見聞きしていたため、発案できたとのことです。つまり、ＴＳの参加者はイベントを楽しみながらも街をきれいにする役割を担ったのです。

江別駅前のレンガ造りの噴水に集まったイベント参加者（左）、配布されたビニール袋と拾われたゴミ（右）（写真提供：北海道江別ポケモンGOサークル）

地域の人々の目にも「よくわからないゲームをやっている迷惑な人たち」ではなく、「ゴミ拾いをしてくれている人たち」と映り、トラブルやクレームを避けることにつながっています。地域住民と来訪者の価値観の齟齬を融和させる工夫だと言えるでしょう。

三浦氏は、今回イベントを実施したことで、これまで江別という地名を知らなかったたくさんの人々に地域が知られたことに意味があったと考えています。また、問い合わせのあった警察署の担当者と顔見知りになるなど、地域内で今後イベントを実施する上での経験値を積むことができたといいます。参加者の中には、これまで江別に来たことがなかったけれど、TSをきっかけに江別の魅力を知り、地域のイベントに参加するなど、継続的に訪れている人もいるといいます。

このように、情報空間や虚構空間でつながっている

コミュニティ・オブ・インタレストと現実の場所との関係性

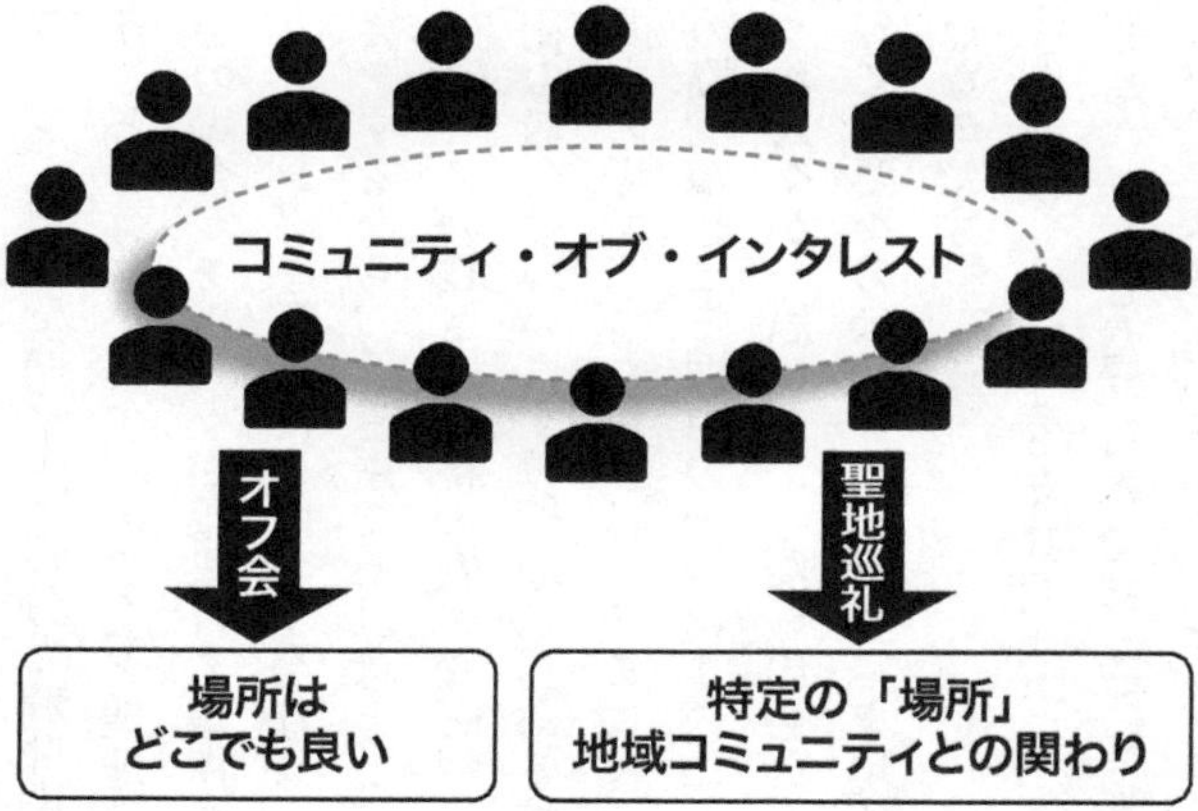

「コミュニティ・オブ・インタレスト」が現実空間上で集まる仕掛けができれば、その場所は「聖地」になります。同じ趣味の人が集まる場所としてメイドカフェやボードゲームカフェ、スポーツバー、ホラーバーなどがありますが、構造的にはそれと同じです。

上図を見てください。これは、現実空間上の個人が、情報空間上で趣味のコミュニティに属している様子を表しています。それは、特定の物事への興味、関心によって成り立つコミュニティです。アニメ聖地巡礼は、この人々が、現実空間上を移動する行動であると言えます。

一方で、「オフ会」という文化があります。これは、オフラインミーティングの略称で、オンライン（情報空間）上で自分と興味関心を同じくする同好の士と知り合い、現実空間で集うことを意味します。オフ会と聖地巡礼の大きな違いは、集まる「場所」にあります。オフ会の場合、その人々が集まれる場所ならどこでも良いことになります。

アニメソングを歌うためのオフ会なら、カラオケ店であればどこでも良いわけですし、飲み会をするなら、飲み屋であればどこでも良いわけです。この時は、場所の選定においてはアクセスの良さや価格の安さなど、メンバーの利便性が優先されます。ところが、聖地巡礼の場合は違います。聖地は、ある特定の場所やモノ、人に固定されます。それが現実空間上の場所だった場合は、そこに住む地域住民がいます。聖地巡礼で、巡礼者と地域住民の協働が起こる理由の一つはここにあります。コンテンツへの興味、関心を動機として集った人々が、思いもよらない出会いをし、創造性を発揮していきます。巡礼ビジネスにとって重要なのは、この訪れるべき場所、モノ、人をどのようにデザインしていくかという点なのです。

『Ingress』は、２０１８年10月よりフジテレビの「＋Ultra」および Netflix でアニメ放映が開始されました。日本では『Ingress』より『Pokémon GO』のほうがよく知られていますが、アニメ化によって、『Ingress』も注目を集めることでしょう。『Pokémon GO』

の時の反省を活《い》かし、人にとって、社会にとって、良い影響をもたらすような活用の方法が求められています。

■移動しない観光、旅するアバター

VR（Virtual Reality：人工現実）技術が目覚ましく発展し、一般の人々も比較的気軽にVRを体験できるようになってきました。少し前までは、高価なVRヘッドセットやパソコンが無いと本格的な体験は難しかったのですが、家庭用ゲーム機の「PlayStation VR」や、パソコンやスマートフォンを使わず動き回ることができる「Oculus Quest」などが発売され、安価に質の高いVR体験をすることが可能になってきています。

次ページの写真では、筆者がVRゴーグルをかぶっています。これは、「横川《よこがわ》ゾンビナイト」という広島市で開かれたイベントの中で、広島国際学院大学の学生が中心になって制作したVR作品を鑑賞している様子です。私の目には、荒廃した薄暗い場所に立ち、周囲を多数のゾンビに囲まれている光景が見えています。

夢物語のように思われていたVR技術ですが、今や、その没入感の程度はかなりのもので、しばらくVRゴーグルをかけて過ごすと、外した時に「あ、今ここにいたのか」と感

VRゴーグルをかぶる筆者（右）

じてしまうほどです。

スティーブン・スピルバーグ監督の映画『レディ・プレイヤー1』（2018年）では、多くの人々が常にゴーグルをかけ、VRの世界に暮らしている様子が描かれました。肉体はあり、現実の物理的世界も存在はしているのですが、生活の中心はVRによる虚構空間「OASIS（オアシス）」なのです。そこでは、自分を好きな姿のアバターとして存在させることができ、VR世界のお金を払えばアニメ映画『AKIRA』に登場するバイクや、映画『バック・トゥ・ザ・フューチャー』のデロリアンに乗ることもできます。

VR技術を「ただ映像を見せているだけだろう」と侮っていては、観光産業は足元を救われるでしょう。「本物の体験には勝てない」と思われるでしょうか。確かに、「本物」の持つ価値は大きいでしょう。ＶＲで再現可能になるからこそ、そのオリジナルの価値は、むしろ、より高まる可能性もあります。ただ、ＶＲによって、現実空間ではどこにいても不可能な体験が、虚構空間ではできるようになっていることもまた、事実なのです。こうした、身体的、物理的には移動していないのに、移動した実感が得られる「精神的移動」や「虚構の世界」の魅力について、よく考えてみる必要があります。

また、物理的に身体の移動が行われない観光には、別の形のものもあります。ここで紹介したいのは『旅かえる』というアプリです。『ねこあつめ』をヒットさせたHit-Point社が２０１７年にリリースしたこのアプリは、２０１８年6月20日までに３８００万ダウンロードを記録し、そのうちの78・1％が中国からだったといいます。

本アプリを起動すると一軒の家が映し出されます。家の中には一匹のかえるが暮らしていますが、一定時間が経過すると、かえるはどこかに出かけ、その間、画面からはいなくなってしまいます。つまり旅をしている最中の様子はプレイヤーにはわかりません。これだけだと何が面白いのかさっぱりわからないゲームになってしまいますが、旅先から、あるいは、帰宅後に「写真（イラスト）」を送ってきてくれるのがミソです。

プレイヤーはその写真（イラスト）によって、かえるがどこに行ったのか、何をしていたのか、を間接的に知ることができます。写真の中には、草原や川など、場所が特定できないものも多いのですが、象徴的なもの（城や神社、温泉など）が写っている場合もあり、場所が特定でき、これをきっかけにその場所に実際に訪れる人もいます。

旅という言葉がタイトルに入っていますが、これはどのような点で「観光」に関係があるでしょうか。位置情報ゲームとは異なり、プレイヤーが現実空間上を移動することと、ゲームプレイは関係がありません。

類似の構造を持った旅に、ぬいぐるみを旅させるツアーがあります。東園絵《あずまそのえ》氏・斉藤真《さいとうま》紀子《きこ》氏による『お客さまはぬいぐるみ』（飛鳥新社）には、「ウナギトラベル」が提供するツアー商品が紹介されています。そのツアーは、客からぬいぐるみを預かり、本人の代わりに旅をさせるというものです。あるいは、仁科邦男《にしなくにお》氏の『犬の伊勢参り』（平凡社）によると、江戸《えど》時代には、伊勢神宮を参拝するお伊勢参りの方法の一つとして、犬の「代参」があったと言います。これは、人間の代わりに犬がお伊勢参りに出かけて帰ってくるというものです。

これらは、いずれも本人以外のモノや生き物を「アバター」として、現実空間を移動させ、そのことによって本人の移動を肩代わりさせる構造になっています。そのように考えると、アプリ『旅かえる』は、アバターを旅させる構造そのものを虚構空間上で再現していると理解することができます。

このかえるには名前を付けることができます。アプリのユーザーの中には愛着のある「私のかえるちゃん」が行ったこの場所に、自分も行ってみたいと思い、現地を訪れる人がいます。これは、虚構空間上でアバターによる移動が描かれ、そのことをきっかけに身体的な移動を行っていると解釈することができます。こうした形の旅行動機の醸成があり得るのです。

また、この事例で面白いのは、このゲームが言語の壁があったにもかかわらず、中国で人気が出たという点です。なぜ、中国でヒットしたのでしょうか。注目すべきは、中国では『旅かえる』が「仏系ゲーム」と呼ばれて人気が出たという点です。『旅かえる』は、ゲームプレイとしては端的に言ってあまりやることがありません。常にボタンを押したり、画面をタップし続けたり、複雑な操作をしたりしなくても良いゲームです。こうしたゲームが受け入れられる素地がある国だったという点が重要です。

もし、『旅かえる』がリリースされた時に、中国で、ゲームプレイの面白さによってゲームが評価されていたとしたら、見向きもされなかったでしょう。「これの何が面白いんだ」「こんなものゲームじゃない」と思われていたかもしれません。

もう一つ、例をみましょう。それは、和歌山県のローカル線である和歌山電鐵の貴志《きし》駅にいる「たま駅長」です。「たま駅長」は、駅長の帽子をかぶった三毛猫です。2013年には、この猫を見るために、2万人を超える外国人旅行者が訪れました。そして、その多数を占めたのが台湾、香港からであったそうです。

台湾、香港に猫はいないのでしょうか。駅はないのでしょうか。そんなに猫の駅長が見たいなら、飼い猫を近くの駅に連れていき、駅長の帽子をかぶせれば良いではありませんか。ですが、そうではないのです。日本の和歌山にいる「あの」たま駅長に会いに行きたい、そういった「キャラクター」を消費する遊び方がわかる文化であるということです。

河口充勇《かわぐちみつお》氏は、近年の台湾、香港の中間層、特に若年層の観光に関する消費欲求が、「大きな観光」から「小さな観光」へとシフトしていることを指摘しています。「大きな観光」とは、マスツーリズムや大人数で同じような体験をする観光、メジャーな観光地を巡る観光、旅行会社の提供する観光、一度きりの訪問、といった特徴を持ちます。一方の「小さな観光」は、スペシャル・インタレスト・ツーリズムであり、自分（たち）だけの体験ができる観光、マイナーな地域を訪れる観光、旅行者が決める観光、同じ地域を何度も訪問する、といった特徴を持っています。台湾、香港の人々が「たま駅長」のことを知る情報源は、やはりインターネットです。

こうした事例から、国が違っていても、類似の価値観を持っているユーザーは、コンテンツの面白さを発見するということがよくわかります。逆にインバウンドで巡礼ビジネスを仕掛けるのであれば、こうした「ライフスタイル」や「価値観」「考え方」をよくリサーチし、そこに訴求する取り組みを行う必要があります。「○○人は爆買いが好き」「□□人は団体旅行」といった解像度の低い見方ではなく、どのような興味、関心を持つ層がどの程度いるのか、国や地域を超えて把握することが重要になります。

第5章　観光「資産」化への道

■コンテンツで既存施設への新規顧客の集客

コンテンツは単独でも力を発揮しますが、これが集積することによって、異なる価値が生じます。博物館や美術館、動物園、水族館などの各種ミュージアムは、あるテーマにそってコンテンツを集積した施設であるという意味で共通しています。コンテンツを集積することによって、それは観光資源になります。

とはいえ、お客が少なく閑散とした博物館や美術館を見かけることは少なくありません。ミュージアムそのもののブランディングやマーケティングもとても重要になります。そのためには、展示物をどのように見せるかが重要になってきます。近年、博物館や美術館のマーケティングに注目が集まっていて、館と地域が連携した取り組みや、魅力的な展示の方法、展覧会の企画がなされてきています。具体的な取り組みや方法論については、次の文献が参考になります。博物館については、『集客力を高める博物館展示論』、『博物館と観光』、『観光資源としての博物館』などが、美術館については、『超〈集客力〉革命』、『美術館の舞台裏』などが、そして、水族館については、『常識はずれの増客術』などがあります。

ここでは、一風変わった集客方法を見てみましょう。博物館や動物園、文学館に若者が訪れるきっかけになったコンテンツがあります。『艦隊これくしょん -艦これ-』（2013年）、『刀剣乱舞-ONLINE-』（2015年）、『文豪とアルケミスト』（2016年）、『文豪ストレイドッグス』（2013年）、『けものフレンズ』（2017年）などがそうです。『艦隊これくしょん -艦これ-』『刀剣乱舞-ONLINE-』『文豪とアルケミスト』は、ブラウザゲーム作品から始まり、アニメやマンガ、舞台など、様々な展開を遂げた作品で、『文豪ストレイドッグス』と『けものフレンズ』は、アニメやマンガ、ゲーム等のメディアミックス作品です。

これらはすべて、テーマにそって「ある対象」をキャラクター化したコンテンツです。『艦隊これくしょん -艦これ-』は軍艦や潜水艦、『刀剣乱舞-ONLINE-』は日本刀、『けものフレンズ』は動物、『文豪ストレイドッグス』『文豪とアルケミスト』では文豪を、それぞれ擬人化したキャラクターが登場します。文豪は元々人間ですから、「擬人化」というのは意味がわからないと思いますが、名前は実在の文豪のものでありながら元の姿とは大きく変更されてキャラクター化されているものとご理解ください。

これらの作品がきっかけになり、様々な館や園にコンテンツのファンが訪れることになりました。具体的には、『艦隊これくしょん-艦これ-』や『刀剣乱舞-ONLINE-』ではミュージアムや資料館の展示などに、『けものフレンズ』では動物園に、そして『文豪ストレイドッグス』や『文豪とアルケミスト』では文学館などに、作品ファンが訪れたのです。

ここでは、『艦これ』の事例について見ていきましょう。『艦これ』とは、角川ゲームスが運営、開発し、2013年にDMM.comによって提供されたブラウザゲームです。ブラウザゲームというのは、パソコンのウェブブラウザ上で動くゲームのことです。ゲームの内容は次のようなものです。プレイヤーは軍艦を指揮する「提督」となり、開発した軍艦を編制して、敵の艦隊と戦います。『艦これ』が人気を集めている大きな要因は「艦娘《かんむす》」です。「艦娘」とは、軍艦をモチーフにした擬人化美少女キャラクターのことで、たとえば、戦艦「大和《やまと》」や空母「翔鶴《しょうかく》」、駆逐艦「島風《しまかぜ》」などの実在した軍艦が美少女萌《も》えキャラクターとして描かれています。

このように人間ではない物を人間として描くことを「擬人化」と言い、先ほど紹介した様々な作品では、刀や文豪が美青年や美少年に、動物が美少女に擬人化されたキャラクターが登場するのです。中には『ヘタリア』という作品のように、国が擬人化されたキャラクターが出てくるものもあります。

『艦これ』の醍醐味《だいごみ》は、この擬人化された軍艦「艦娘」をコレクションすることなのです。現在のブラウザゲームやスマホゲームの多くがコレクション要素を持っています。『パズル&ドラゴンズ』や『モンスターストライク』、『Pokémon GO』、『Fate/Grand Order』といった人気のあるスマホゲームもすべて大量のキャラクターが登場し、それをコレクションするという要素がゲームの大きな目的となっています。

『艦これ』は、登録さえすれば、無料でゲームをプレイすることができます。現在のブラウザゲームやスマホゲームの主流は、基本のプレイは無料というものです。家庭用ゲーム機の場合は、ゲームソフトを有料で購入するのが普通ですが、こうしたゲームはダウンロードおよびその後のプレイは無料です。ただし、よりスムーズにゲームを進めたり、強力なアイテムや出現確率の低いキャラクターを手早く手に入れたりするためには課金が必要な仕掛けになっています。近年、ゲーム自体は無料にして利用者を増やし、熱心なプレイヤーによる課金によって利益をあげるとともに、その後、有料のゲームソフトや出版物、アニメ、関連グッズなどに展開する、広告費で利益をあげる、といったビジネスモデルが散見されます。

2013年4月にサービスを開始した『艦これ』は、10月にはユーザー数が100万人を突破し、その後もプレイ希望者が殺到したため、サーバーの増設が必要になり、順番待ちが生じるほどになりました。当時は、スマートフォンには対応しておらず、ウェブブラウザを立ち上げなければプレイできないゲームでしたが、そのことを考えると驚異的な人気であったと言えるでしょう。

この『艦これ』をきっかけに、広島県呉《くれ》市にある「呉市海事歴史科学館 大和ミュージアム」にたくさんのファンが訪れました。大和ミュージアムは2005年4月に開館したミュージアムです。呉市には、1898年には呉鎮守府が、1903年には呉海軍工廠《こうしょう》が設置され、戦後も、造船をはじめとした臨界工業都市として栄えました。館内には、10分の1スケールの戦艦大和などの展示があり、関連する企画・特別展やイベント等の実施、SNSでの情報発信も盛んです。

2013年の夏ごろに、ミュージアムスタッフがTwitterなどで大和ミュージアムのことを検索してみたところ、『艦これ』のファンが大和ミュージアムに来館していることが判明したといいます。広島県のデスティネーションキャンペーンも相まって、この年度のミュージアムへの来客数は前年度比で約107％に増加しました。『艦これ』の影響も大きかったものと思われます。

　ミュージアムとして『艦これ』と連携イベントを実施したわけではありませんでしたが、ファンが同人誌即売会に同ミュージアムの貸館機能を使い、そこには多くのファンがつめかけました。実施に当たっては、ミュージアムスタッフとファンで、キャパシティーの問題やコスプレ来場者への対応、同人誌の内容などを事前に打ち合わせたといいます。本イベントには大勢の「提督」が訪れることとなり、艦娘や敵艦隊、提督のコスプレをしたファンも場を盛り上げました。ただ同人誌即売会にのみ訪れただけでなく、展示の見学や周辺の観光を同時に行っていたといいます。

　大和ミュージアムは、その方向性の中に、人が集まり情報を受・発信する博物館、楽しむ場となる博物館、を掲げています。上記のような動きについて、大和ミュージアムの広報担当者は「きっかけが何であっても、当館の展示物をご覧いただき、歴史に関心を持っていただけるということがとても有難く、感謝しております」と言います。大和ミュージアムでは、他にも、アニメ『たまゆら』のグッズ販売や「ヱヴァンゲリヲンと日本刀展」の開催など、多くの人に展示を見てもらうための工夫がなされています。

『艦これ』には、艦娘がたくさん登場します。ゲームがリリースされた時点では１００体程度でしたが、２０１８年現在では、２００種類以上に増加しています。改造艦なども含めると３００以上になっています。そして、それぞれの艦娘は、史実に基づいたエピソードや性格付けがなされています。長崎県の佐世保《させぼ》市、神奈川県の横須賀《よこすか》市、兵庫県の神戸《こうべ》市、京都府の舞鶴《まいづる》市など、造船所があった場所や、艦が寄港した場所などはすべて「聖地」になり得るのです。さらに、巡礼先は海辺だけに限りません。艦内神社といって、軍艦や艦艇には、その内部に神社が設けられますが、その勧請《かんじょう》元の神社を訪ねる人もいます。

軍艦でも、これだけ地域とのつながりが見いだせます。それが刀剣、文豪となれば、どれだけの地域資源とつながるか、おわかりいただけるかと思います。刀剣の場合は、どこで打たれた刀なのか、誰が使っていたのか、どこで使われたのか、どこに収められているのかなど、様々な人や場所とのつながりがあります。文豪もそうです。出身地はどこか、どこで執筆活動をしていたのか、文豪同士の関係性はどうか、どこで亡くなったのかなど、その人の生涯には多種多様な人、物、場所が関わっています。実際に、これらの作品では、公式、非公式に様々なイベントや展示会などが実施され、多くの作品ファンが、関連する施設や地域を巡礼しています。

■様々なコンテンツ源同士を組み合わせてコンテンツ化する

こうした事例は、「作品の力が強かったから成功した」と語られてしまうことが多いのですが、決してそれだけではありません。もちろん作品が絶大な人気を誇るものであれば、それだけファンは多いので、きっかけを作ればその場所に大量に誘客することが可能です。ただ、逆の回路もあります。むしろ、現実に人が動いてそのことが話題になれば、作品の知名度アップに貢献するのです。また、ファンにとっては、コンテンツと地域とのつながりは、好きな作品をより深く楽しむことにつながります。

直接コラボするのも一つの方法ですが、そうでなくても、その「界隈《かいわい》」が盛り上がっているのであれば、そのファンのコミュニティ（「クラスタ」という言い方もなされます）へのアプローチができれば、集客が見込めます。そのためには、情報を的確な方法で発信することが重要になります。

たとえば、資料館で刀剣の展示会を行う場合、これまで通りにチラシを刷ってこれまで通りの関係先に配付するだけでは、なかなか『刀剣乱舞』のファンにまで情報はリーチしません。ネット上に情報をアップしておくことが重要です。館のウェブサイトはもちろん、Twitter アカウント等のSNSを使った発信、地元紙のウェブ版への掲載の働きかけなど、インターネット上に情報が出るようにしましょう。チラシを置く場所も工夫できるかもしれません。『刀剣乱舞』はアニメグッズもたくさんあり、コスプレをしている人も多くいます。アニメグッズの販売店や、コスプレ衣装やウィッグを販売している店にチラシを置いてもらうのはどうでしょうか。ファンにとって魅力的な情報なのであれば、ネット上でファンが検索して見つけ出し、コミュニティ・オブ・インタレストで共有されます。

実は今、様々なコンテンツで偉人や歴史上の人物、モンスター、妖怪《ようかい》、神、悪魔、天国、地獄、各国の伝説上の存在やUMA（未確認生物）などが登場しています。たとえば、『東方Project』（1996年〜）『パズル&ドラゴンズ』（2012年〜）『モンスターストライク』（2013年〜）『Fate/Grand Order』（2015年〜）などには顕著です。

先ほど指摘した通り、コレクション要素を含んだものも多く、たくさんのキャラクターが登場するコンテンツには、そのモチーフとして、右記のような存在は実に最適なのです。コンテンツそのものに自地域は出てこないかもしれませんが、そこに出てくる存在は自地域の資源と関連する可能性があります。

ここで一つ、面白い事例をご紹介します。それは「ツチノコ共和国」という取り組みです。これは奈良県の下北山《しもきたやま》村で実際に行われた村おこしです。ツチノコとは、UMAの一種です。ＵＭＡとは、目撃例や伝聞などによる情報はあるけれど、実在が確認されていない生物のことです。ネッシーやビッグフットなどが有名です。ツチノコは、１９７３年に田辺聖子《たなべせいこ》氏の小説『すべってころんで』でツチノコ探しが描かれ、『釣りキチ三平《さんぺい》』で有名なマンガ家の矢口高雄《やぐちたかお》氏が『幻の怪蛇バチヘビ』を発表したことで全国的に有名になり、ブームが起こりました。

下北山村では１９８８年に、地域住民によるツチノコの目撃証言をきっかけとして、ツチノコ探検隊やツチノコシンポジウムなどのイベントが実施されました。懸賞金までかけられ、生け捕り１００万円、死体なら30万円、写真でも10万円という手配書が作られました。それに対して、新潟や広島からの参加者を含めた一般参加者１００人、報道陣80人、村民30人が集まったといいます。

下北山村はとてもアクセスが良いとは言い難い地域です。奈良県の県庁所在地である奈良市から、電車で約2時間、その後、バスで2時間半ほどかかります。１９８９年には「ツチノコ共和国」を建国し、国民になる条件として「遊び心の村おこし活動を理解できる」ことと、1年分の税金１０００円、手数料１０００円の納入が掲げられました。1年で７００人以上が国民となり、99年の段階で１７００人にパスポートを発行しているといいます。ツチノコをきっかけに地元の料理をふるまったり、ホタルの観察会を開いたりもしています。

冷静に考えると、下北山村に行って数泊してツチノコが見つかる可能性は実に低いと言わざるを得ません。観光資源が見られない可能性のあるツアーは他にもあります。たとえばオーロラや天体ショーを観察するツアーは、気象状況次第で見られない場合もあります。その他、動物や野鳥といった生物や自然景観なども、条件次第では希望のものが見られないこともあるでしょう。ですが、これらは確実にその場で見られたことがあり、それなりの頻度で見られるものです。一方で、ツチノコはどうでしょう。これまで明確に捕獲されたことが無い存在です。参加者も、本気でツチノコを探しに下北山村に行き、見つからなかったら怒り出すような人たちではないでしょう。

それではこうしたケースでは、旅行者は一体何を楽しんでいるのでしょうか。この取り組みは、地域の風景や環境というアナログコンテンツ源と、ツチノコというコンテンツ源を組み合わせ、そこに地域の人々との関わりを加えて「ツチノコ共和国」というコンテンツを創り上げた事例であると言えます。

旅行者はツチノコが本当には見つからないことは織り込み済みで、それでも、その場所を「ツチノコが出そうな場所」とみなして遊ぶのです。都会から遠く離れた山間《やまあい》の村は、「何もない」と言ってしまえばそれまでですが、「ツチノコがいるかもしれない場所」として実に説得力を持つ環境だったわけです。

これは、AR技術を使わずに人間の想像力と現実の環境を使って拡張現実を生み出した取り組みということもできます。もっと簡単な言葉で表現すると「見立て」の遊びです。「見立て」が有効に機能すれば、なんでもコンテンツになり得ます。子供たちは、様々なものを「遊び」に変えてしまいますが、大人になった我々もこうした工夫でコンテンツを生み出すことができるのです。

■コンテンツとコンテクスト

ここで、コンテンツには、さらに広い「コンテクスト」を創出できる可能性が含まれていることを指摘しておきたいと思います。寺岡伸悟《てらおかしんご》氏は、コンテクストとコンテンツの関係性を「ゆるキャラ」を例にして次のように説明しています。「ゆるキャラ」とは、そもそも2002年に後楽園《こうらくえん》ゆうえんちで「第1回みうらじゅんのゆるキャラショー」が開催されて世に出たとされています。とはいえ、この時「ゆるキャラ」と名付けられたキャラクターたちは、「ゆるキャラ」と名付けられる前から存在していました。それらのキャラクターはそれほど人気がなく、場合によっては当該地域の人々にも知られていなかったのですが、それらを「ゆるキャラ」という集合の一部と捉《とら》えることによって見られ方が変わります。それぞれのキャラクターたちは「ゆるキャラ」というコンテクストの一部をなすコンテンツとして価値あるものとして認識されることになるのです。

コンテンツをコンテクストで目立たせる手法は、実はそんなに新しいものではありません。古くは温泉番付という、全国の温泉を相撲の番付に見立てたものもありましたし、四国八十八ヶ所巡りも立派なコンテクストです。個々のコンテンツがいきなり認識させられるのではなく、コンテクストに注目が集まり、それによって個々のコンテンツがまなざされるというわけです。また、一つのコンテンツを楽しんだ際に、それが属するコンテクストを知ることで、他のコンテンツの存在を知らせることにも貢献します。

「ゆるキャラ」というコンテクストを「発明」したのはみうらじゅん氏ということになるわけですが、強烈なコンテンツが登場した時に、そこからコンテクストが生じてくるケースもあります。たとえば、「天空の城」がそうです。兵庫県朝来《あさご》市にある竹田《たけだ》城跡は、雲海が発生した際に、城の下部が雲に隠れ、まるで空に浮かんでいるように見えることから

「天空の城」と呼ばれるようになりました。様々なメディアで取り上げられ、テレビＣＭなどにも用いられました。

すると、他の城も「天空の城」と呼ばれるようになったのです。城という意味では、日本には大小様々な城があり、天守閣が復元されているものもあれば、竹田城跡のように跡しか残っていないものもあります。観光資源の「目立ちやすさ」で言えば、天守閣が見られる大阪城や名古屋城、姫路《ひめじ》城などが上位に挙がってくるでしょう。しかし、この「天空の城」は、それらとは異なるコンテクストを作り出しました。このコンテクストでは「基部が雲海で隠れるかどうか」という点が重要なのです。

そういう意味で、「アニメ聖地」もまさにコンテクストです。アニメツーリズム協会が実施している「日本のアニメ聖地88」は、まさに「アニメ聖地」を「四国八十八ヶ所」になぞらえてコンテクスト化する取り組みと言えます。

こうしたコンテクスト化の面白いところは、それが導入される前とは、場所の認識のされ方や移動の仕方が変化するところです。特に、アニメツーリズム協会の「日本のアニメ聖地88」は、インバウンドを意識して外国人からの投票を受け付けて選定が行われていますす。いわゆるゴールデンルートと呼ばれる、日本に来た時のお決まりの回り方がありますが、それとは違った日本の見方を提示することができるのです。旅客がうまく認識してくれれば、まさに文脈を変えることができるというわけです。

一方で、コンテクストそのものが飽きられるということも当然あり得ます。しかし、私たちは、すでにこの飽きられたコンテクストに新風が吹き込まれる様子を確認しました。第3章で見た「ふなっしー」や「せんとくん」がそうです。

ゆるキャラのコンテクストからは逸脱したコンテンツが現れ、物議を醸しながらも、それすら楽しまれていき、コンテクストそのものを変質させていきます。最近の「ゆるキャラ」の中には、ただゆるくてかわいいものよりも、こわかわいいものや、ぱっと見は気持ち悪いけれどどこか愛嬌《あいきょう》があるものなどが登場しています。

これは、コンテンツの「ジャンル」と同じメカニズムです。私は『ゾンビ学』(人文書院)という書籍の中で、コンテンツに登場するゾンビの特徴の変化について、時代を追って調べました。すると、今のゾンビと草創期のゾンビはかなり性質が違っていることがわかりました。

ゾンビが映画に登場したのは1932年の『恐怖城』と言われているのですが、そこに登場するゾンビは、みずから人に襲い掛かったり食べたりしません。それは、ハイチのブードゥー教の文化として実際にある「ゾンビ」をモデルにしているからです。人食いゾンビが描かれるようになった作品は、ジョージ・A・ロメロ監督の『ナイト・オブ・ザ・リビング・デッド』（１９６８年）で、その後、同監督の『ゾンビ』（１９７８年）で、人を食うゾンビはさらに有名になります。さらに、２０００年代に入ると、それまでゆっくり歩いていたゾンビが全力疾走し始めます。最近の映画『ワールド・ウォーZ』（２０１３年）や『アイアムアヒーロー』（２０１６年）、『新感染　ファイナル・エクスプレス』（２０１７年）などでは、ゾンビは猛ダッシュして襲い掛かってきます。

このように、ゾンビと一言で言っても、その性質は時代によって変化してきました。ゾンビ映画というジャンルの中で、ゾンビの性質には様々な工夫がなされてきました。その中でも、単一のコンテンツで消えてしまうものもあれば、「走るゾンビ」のように、それまでのゾンビ像から大きく逸脱しながらも、クリエイターやファンに受け入れられ、他の作品に取り入れられる性質もあります。そもそも、「ジャンル」というものはこのように形成されていきます。そのジャンルの特徴を規定する強烈なコンテンツが現れると、多くのフォロワー作品が生まれてきて、そのジャンルは活性化します。ところが、ジャンルは陳腐化ももたらします。あまりに同じようなコンテンツばかりになってくると、飽きられてきてしまいます。そうした時に、常識を破るコンテンツが現れて人気を博すと、そのフォロワーが現れ、ジャンルそのものが変化して再活性化します。この繰り返しで、ジャンルは動的に維持されていきます。

コンテンツとコンテクストの関係も同じで、コンテクストは陳腐化をもたらしますが、その時点の常識を破るコンテンツが現れると、コンテクストそのものが変化し、再活性化します。ですから、すでにたくさんなされている取り組みであっても、そのコンテクストの状況をよく研究し、そこから適度に逸脱したコンテンツを提案すれば、人気を博し、コンテクストそのものの活性化にも貢献できる可能性があります。

■コンテクストそのものを利用する

特定のコンテンツではなく、コンテクストそのものを活用した取り組みがあります。それが、広島県広島市の横川商店街で毎年ハロウィンの時期に開催されている横川ゾンビナイトです。２０１５年から毎年実施され、２０１８年には4度目となる「横川ゾンビナイト4」が開催され盛況でした。

本イベントの目玉は、広島フェイスペイント組合が実施する「ゾンビ感染所」です。５

00円、1000円、1500円のいずれかを支払えば、値段に応じた「感染率」でゾンビメイクをしてもらうことができ、その恰好《かっこう》で街を歩けます。ご当地アイドルの「I LOVE U@あいり」さんが公式ゾンビアイドルとして登場し、広島国際学院大学の学生たちは横川ゾンビラジオを開局したり、VR体験ができるブースを開設したりしていました。かくいう私も、ゾンビ大学を開学させていただきました。中でも、私が面白いと感じたアクターは、サバイバルゲームのプレイヤーたちです。

サバイバルゲームとは、BB弾が発射できるエアガンで撃ち合いを行うゲームのことです。野外でも室内でも行われるもので、たくさんの愛好家がいます。この文化について詳しく知るにはマンガ『サバゲっぱなし』（坂崎《さかざき》ふれでぃ）がオススメです。このサバイバルゲームのファンたちが、自慢の装備で参加しているのです。もちろん市街地で撃ち合いをするわけではなく、道行く人々やゾンビとの写真撮影に応じ、同時にボランティアでイベント警備も担当しています。混雑している道がないかなど、無線で連絡を取り合い、イベントに貢献していました。

横川ゾンビナイトでは、「ゾンビ」をキーワードに、集った人々が各自の得意技を活《い》かしてイベントを作り上げています。「ゾンビ」という言葉は、不思議な言葉です。「ゾン

広島フェイスペイント組合の「ゾンビ感染所」は、
子供から大人まで大人気

オープニングセレモニーのテープカットの際には、
ゾンビからチェーンソーやカマなどのゾンビ退治道具を渡される

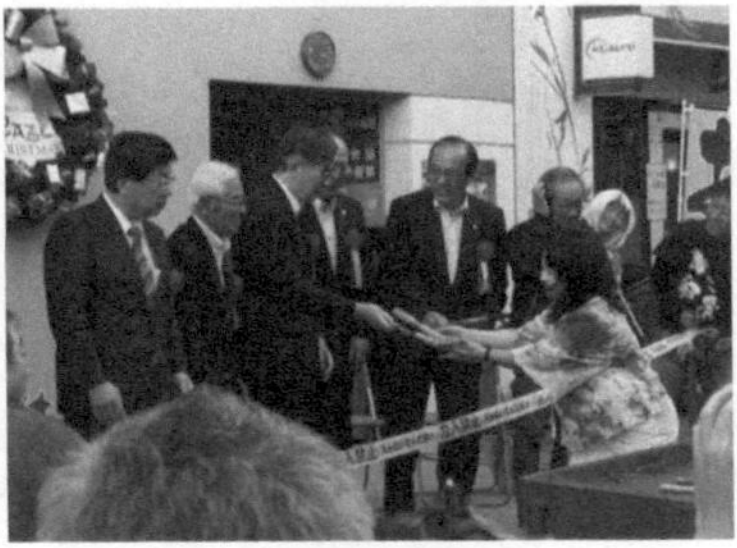

整列するサバイバルゲームのプレイヤーたち

（いずれも筆者撮影 2017年10月27日）

ビ」と聞いて思い浮かべるゾンビ像は、先ほど確認した通り、世代やコンテンツ経験によって相当違っているはずなのですが、なんとなく共通のイメージ、たとえば、「顔色が悪いこと」「流血していること」「意識がなさそうなこと」「人に襲い掛かること」「服が破れていること」などを共有できます。それによって、ゾンビのコスプレを、する側も見る側も、「ゾンビだ」と認識できるのです。この「ゾンビ」に引き寄せられた創造的な人々がそれぞれに活躍することで、魅力的なイベントを形作っています。

本取り組みの面白いところは、実は特定の作品に全く拠《よ》っていない点です。「ゾンビ」というコンテクストをハロウィンの仮装とくっつけることでイベントとして成立させていますが、横川が舞台になったゾンビ映画はありませんし、よく考えると、ゾンビイベントをやる必然性はありません。コンテンツツーリズムと言うと、ついつい舞台になった場所を巡る観光を考えがちで、「自分の地域は映像作品に取り上げられていないからできない」と思いがちなのですが、工夫の仕方次第で、横川のような展開も可能なのです。

■地域資源への感性的アクセスを考える

こうした取り組みを「邪道」と捉える向きもあるかもしれません。地域に昔から伝わっている資源こそが本物であり、関係のないもので人を呼ぶのは本質的ではない、という指摘です。確かに、観光振興のメソッドなどでも「地域特有の宝物を探して磨く」といったことが称揚されます。結論から述べると、これらは両立しますから、どちらも否定すべきことではありません。以下では、このことについて考えていきます。

ICOMOS（イコモス）という組織があります。文化遺産保護に関わる国際的なＮＧＯです。ICOMOS は、International Council on Monuments and Sites（国際記念物遺跡会議）の略称で、ユネスコの諮問機関として世界遺産登録の審査を行っています。この ICOMOS が、１９９９年に取りまとめた国際文化観光憲章（International Cultural Tourism Charter）という文書があります。

これは、文化遺産の管理や活用のための原理、原則を示したもので、インターネットを通じて全世界に公開されています。この憲章の中には、地域住民と旅行者の双方が、文化遺産や文化的な発展について、適切な形で物理的、知的、感性的にアクセスできることを「権利であり特権である」と書かれています。この「物理的、知的、感性的にアクセスできる」という点が、本書の内容に関わってくる点です。

一つ一つ解説していきます。まず、①の「physical access」は身体的アクセス、物理的

文化資源へのアクセスの三様態

※山村(2015)の図に加筆して筆者作成

アクセスの種類	アクセスの仕方	強く関連する空間
① physical access (身体的・物理的アクセス)	physical access, where the visitor experience the place in person (現場での身体的体験)	現実空間
② intellectual access (知的アクセス)	intellectual access, where the visitor or others learn about the place, without possibility ever actually visiting it (場所の価値・重要性について学習すること。現場を実際に訪れないで行う学習もありうる)	情報空間
③ emotive access (感情的・感性的アクセス)	emotive access, where the sense of being there is felt, again even if a visit is never undertaken (そこにいるのだという実感を得ること。これも現場を実際に訪れないで感じる場合もありうる)	虚構空間

アクセスと訳せます。「現場での身体的体験」とあるように、その場所に物理的身体が移動することを指しています。ある場所への「アクセス」が良い、悪い、といった使い方をする際は、このことを想定していますね。

次に、②の「intellectual access」は知的アクセスと訳せます。「場所の価値・重要性について学習すること」とあるように、その場所やモノについての知識を得られることを意味しています。「○○という情報にアクセスする権限がある」といった時にこの意味で使います。②は①と異なる点があります。それは、知識を得るだけであれば、必ずしもその場所に行かなくても構わないという点です。

最後の③は、あまりなじみのない概念かも

しれません。「emotive access」つまり、感情的アクセス、感性的アクセスです。表の説明では「そこにいるのだという実感を得ること」と書かれています。私は、これは「心理的な距離」「対象との精神的な距離感」のことだと理解しています。こちらも、②と同様、その場所に行かなくてもアクセス可能です。

とはいえ、行ったこともない場所と精神的な距離が近づくことなどあるのでしょうか。実は結構よくあることなのです。たとえば、絵画『ひまわり』が有名なオランダの画家フィンセント・ファン・ゴッホ氏がそうです。ゴッホ氏は、日本への憧《あこが》れが強く、日本に行ったことがないのに、移住先の南仏のアルルの風景の美しさを「日本のようだ」と表現したといいます。

そして、最近ですと2017年にノーベル文学賞を受賞した小説家のカズオ・イシグロ氏が当てはまります。氏は、1954年に長崎県で生まれた日系イギリス人です。5歳の時に渡英しており、1983年にはイギリス国籍を取得しています。日本を舞台にした作品も書いていますが、日本を頻繁に訪れていたわけではなく、幼少期の記憶や小津《おづ》安二郎《やすじろう》監督や成瀬《なるせ》巳喜男《みきお》監督の映画などに影響を受けているそうです。つまり、現実の日本というより、自身の持つイメージや映画を元に作り上げられた小説なのです。

面白いのは、彼らの作品を見たり読んだりすることで、日本に良いイメージを持つ人がたくさん現れるということです。その人たちは、日本に行ってみたくて仕方がなくなるかもしれません。「感性的アクセス」が大切なのは、まさにこの点なのです。

この三つのアクセスにおいて、最も関連のある空間をそれぞれ記してみました。①は実際にその場所に行くわけですから、現実空間であり、②は知識や情報の話ですから、現実空間ももちろん関わりますが、情報空間の存在感が大きいと考えられます。現実の移動はなくても良いわけですから。そして、③を考える際に重要なのが虚構空間です。これは、物語や世界観と言い換えても良いものです。「虚構」という言葉を使っていますが、「嘘」や「むなしさ」が付随するような意味合いでは使っていません。

山村高淑《やまむらたかよし》氏は、このアクセスの三様態の、特に「感性的アクセス」に、アニメやマンガ、ゲーム等を含んだポップカルチャーが重要な役割を果たすことを指摘しています。その地域を好きになること、その地域に惹《ひ》かれるようになること、これが「感性的アクセス」です。もしその場所のことを好きになってくれれば、その地域に物理的に何度も来るリピーターになってくれる可能性は高いですし、その地域の様々なことを他人事《ひとごと》ではなく自分事としてとらえ、知識を学んでいってくれる可能性も高まります。

これまで、観光では、「地理的な距離」「知識の多寡」が重視されていた部分があります。修学旅行などを考えても、ついつい、その場所のことを「学習すること」や、その場所に「実際に行くこと」「体験すること」が重視されすぎて、その場所を「好きになること」が重視されてこなかったのではないでしょうか。

巡礼ビジネスを展開する上で重要なのは、この感性的アクセスをいかに作り出すかです。感性的アクセスを作り出すことで、知的アクセスや身体的アクセスが誘発され、よりその対象へのコミットが深くなっていくのです。

■「遊び方」を創り出すアクター

和歌山県にある無人島の「友ケ島《ともがしま》」に多くの若者が訪れたことが話題になりました。その理由は、アニメ映画『天空の城ラピュタ』に登場しそうな風景が見られるということでした。気を付けていただきたいのは、「舞台になった」わけではなく、あくまで、「それっぽい」という点です。

このことを「発見」し、その「見方」を広めたのは「コスプレイヤー」でした。ある女性コスプレイヤー2名が、『天空の城ラピュタ』の登場人物であるパズーとシータのコスプレをして、友ヶ島で写真を撮影し、ＳＮＳで発信したことで話題になったのです。

アニメ聖地巡礼の中にも、従来のアニメ聖地とは異なる意味での聖地が出現しています。兵庫県尼崎《あまがさき》市は『忍たま乱太郎《らんたろう》』の聖地となり、主に女性ファンが巡礼しています。地域の神社に掛けられた痛絵馬《いたえま》を見ると、海外からの巡礼者もいるようです。『忍たま乱太郎』をご存じの方は、不思議に思われるのではないでしょうか。『忍たま』は、忍者の話であり、時代設定は現代ではありません。作品内に尼崎の風景は出てきません。ではなぜ巡礼が行われているのでしょうか。

それは、作者の尼子騒兵衛《あまこそうべえ》氏が尼崎市出身であることもありますが、人気キャラクターの名字に尼崎市内の地名が使用されているからなのです。潮江文次郎《しおえもんじろう》、久々知兵助《くくちへいすけ》、七松《ななまつ》小平太《こへいた》……といったキャラクターが登場するのですが、「潮江」「久々知」「七松」は、尼崎にある地名です。巡礼者の若い女性ファンを見ていると、地名が書かれていさえすれば、様々な物が巡礼の対象となっています。バス停や駅名、看板や道路標識、店舗名、公園の案内板から、地名の入ったレシートなど、様々な物をキャラクターと関連付けて楽しんでいるのです。

『忍たま』は忍術学園で学ぶ「忍者のたまご」たちの物語ですが、６年生の「潮江文次郎」は、作中で10キロの重さの算盤《そろばん》を使う地獄の会計委員長で、鉄粉をまぶしたおにぎりを武器にしています。巡礼者はそれにちなんで、潮江素盞嗚神社《しおえすさのおじんじゃ》や潮江公園を訪ねて、その場でおにぎりを食べて楽しみます。あるいは、相性の良いキャラクター2人の名字の地名を順番に回る楽しみ方もあるといいます。

地域の人々もこうした来客に、実に様々な工夫でもてなしを行っています。七松八幡《はちまん》神社では、お守りが販売されているのですが、中にひときわカラフルなお守りが売られていました。6色のボーダー柄です。作品を知らない人からすると「派手なお守りだなぁ」という感想で終わってしまうのですが、実はこれが『忍たま』にちなんでいます。この6色は、学年ごとの忍者装束の色なのです。『忍たま』ファンが見れば一瞬で得心がいくデザインになっているのです。七松八幡神社の神主さんは作品にも実に詳しく、インターネット上でも巡礼者から評判です。私も女子学生と共に巡礼を行ったところ、神主さんから作品をきっかけに、尼崎のことをずいぶん詳しく教えてもらいました。

尼崎市役所都市魅力創造発信課では、「出席簿」に記名した人に尼崎のPR任務が書かれた〝密命カード〟を配布しており、廊下の壁には、訪れた巡礼者が描いたイラストが貼られています。巡礼者にとって、作品への愛や、地名巡りの楽しさを伝えられるファンアートは大好評です。過去のイラストを綴《と》じたものが閲覧できるようになっていたり、取り揃えられた色鉛筆やカラーマーカーなどの画材で好きなように絵を描くことができたりと、市役所の取り組みは巡礼者に高く評価されています。

こうした事例からわかるのは、情報発信者としてだけではなく、「楽しみ方」「見方」をセッティングする旅行者や地域住民が出てきているという点です。ただネットで情報発信をするだけでなく、それを見た人たちが「自分もやってみたい」「その風景を一目見てみたい」と思い、実際に行動してしまうような「見方」を仕掛けています。もはや、やっていることは、マスメディアと同じです。プロデューサーのような観点です。この「見方」「楽しみ方」を創出する人、「価値」を見つけ出す人々が関わることで、巡礼ビジネスにも好影響を及ぼしてくれます。

実は、ファンの中には、地域振興や産業の構造に自覚的な人が多くいます。自分の好きなコンテンツを盛り上げてくれる地域にお金を落としたい、コンテンツを支えるために楽しんだ対価はしっかり払いたい、自分の知識が活かせるなら地域に協力したい、と考えている人がたくさんいるのです。繰り返しになりますが、だからと言って「あこぎな商売」をしてはいけません。そのことすら、巡礼者は見抜いてしまいます。

つまり、様々な意味で、消費者の中には、これまでは仕掛ける側しか持っていなかったような知識や情報、技術を身に付けた人々がいるのです。これは考えてみれば当然で、たとえば広告会社勤務の人はレジャー活動を一切しないかと言えば、そんなことはありません。普段は仕事で、様々なイベントを仕掛けたりしている人たちも、消費者としてそういう場に行くこともあるでしょう。

テレビのバラエティーなど見ていても、非常にメタ的な言及がよく見られます。「これで数字とれるの？」「ここはカットで」「撮れ高ＯＫ」などの言葉は、本来はテレビ番組を作る人たちの専門用語ですが、これを番組内で説明なく使うようになっています。『チャンネルはそのまま！』（佐々木倫子《ささきのりこ》）、『重版出来《しゅったい》！』（松田奈緒子《まつだなおこ》）など、テレビ業界や出版業界のことを詳しく描いたコンテンツ作品もあります。クリエイターがネットでつぶやいた本音がＳＮＳ等で拡散され、「業界の闇」などとして多くの人々に読まれたりもします。

あるいは、東京でマスメディアやウェブサイト制作、様々なデザインに携わる仕事をしていた人がＵターンで、地方に帰って来て、そこに住むこともあるでしょう。いくつかのアニメ聖地では、コンテンツの著作権者サイドと地域をつなぐ役割を担っている人にイン

コンテンツツーリズムに関わるアクター

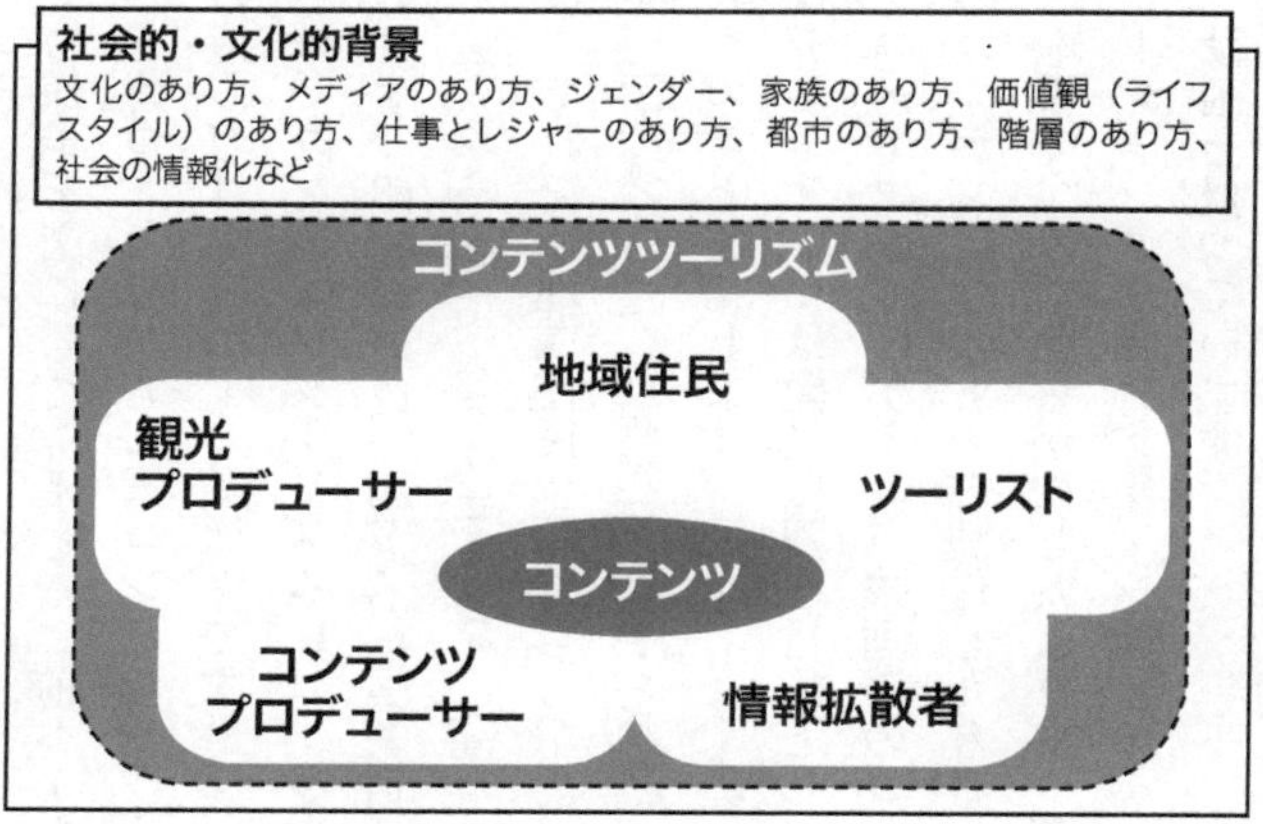

タビューすると、こうした経歴の方がいらっしゃいました。大雑把に言うと、都市の論理と地方の論理を橋渡ししたり、ファンの論理と地域の論理を橋渡ししたりすることができる人です。以上のように、様々な回路で作り手側の情報は漏れだしています。

　これらの様々な事例から言えることは、観光資源を見つけ出し、地域に旅客を誘導するのは、もはや地域住民や観光業、メディア産業従事者には限らないということです。そういった、その場所に住んでいるかどうか、や、どういう職業なのか、といったことではなく、その場所や対象に対する心理的な距離の近さ、が当事者であるかどうかを分ける試金石になります。

その様子を図にしてみました（前ページ）。「コンテンツ」を中心にして、これに興味、関心を持つ人たちがいて、コンテンツツーリズムを支えています。しかし、その興味、関心の持ち方は立場によって様々です。

私は、コンテンツツーリズムには、少なくとも5種類のアクターが関わっていると考えています。観光学では、観光の構造を捉えるときに、ホスト（地域住民）、ゲスト（旅行者）、そして、間に入るブローカー（観光業者）の三つのアクターがよく挙げられます。図では、それを「地域住民」「ツーリスト」「観光プロデューサー」という言葉で表現しています。「地域住民」は観光目的地とされた場所に居住している人や、そこで商売をしている人々のことを指します。「ツーリスト」は巡礼者を含んだ旅行者全体を指します。「観光プロデューサー」は観光振興を目的としているアクターです。

アニメやマンガ、ゲーム、映画等のコンテンツを用いたコンテンツツーリズムの場合、そのコンテンツそのものを製作したり宣伝したりするアクターとの関係性は重要です。また、本書ですでに明らかにしたように、観光地に直接かかわらずとも、マスメディア、キュレーションメディア、ソーシャルメディアなどを通じて情報を拡散させるアクターも大きな役割を担っています。

ここまで確認してきたように、こうしたアクターははっきり分けられなくなってきています。そのため、図では、五つのアクターがつながっています。地域住民でありながら、観光プロデューサー的役割を担っている人もいれば、ツーリストでありながら情報拡散者的役割を担っている人もいます。

そして、コンテンツツーリズムを持続する際に重要なのは、それぞれの利益を最大化できるように状況をハンドリングするメタな視点に立てるアクターの存在です。アクターは、それぞれ目標が異なっています。コンテンツを最重要視するアクターは、作品やキャラクターを観光活用することが作品のブランドイメージを損ねると判断した場合、コンテンツツーリズムに対して否定的にふるまうでしょう。地域住民は、自らの住環境が悪くなるのであれば、コンテンツツーリズムには協力しないでしょう。

たとえば、『らき☆すた』の鷲宮では、商工会職員がこの役割を担っています。鷲宮の取り組みの特徴は守備範囲や関係する人々をどんどん拡大していく点にあります。『らき☆すた』を活用した取り組みも継続していますが、すでに紹介した様々な取り組みや「萌《もえ》☆輪《りん》ぴっく」というオタク運動会、「俺の植えた芋がこんなに美味《うま》いわけがない」という芋植え、芋掘り活動、「オタ婚活」というオタクのための婚活イベント、『輪廻《りんね》のラグランジェ』の聖地千葉県鴨川《かもがわ》市との野球対決「WBC（Wotaku Baseball Cup）」など、「オタク」をキーワードに、様々な取り組みを実施していきました。

つい最近は、わしのみや地区懇親会「らっきー☆BBQ」なるイベントが2018年9月2日に実施されました。特にアニメグッズが買えるわけでも、声優さんや監督さんが来られるわけでもありません。ただ、集まって商工会職員や地域住民とバーベキューを楽しむイベントです。このイベントに70人の参加者が集まりました。これは、主催者側の人数を含まない、純粋な来客数のみの数字です。

一方で、『けいおん！』の聖地である豊郷町は、作品のテーマである軽音楽に注目し、「とよさと軽音楽甲子《こうし》園《えん》」を展開し始めました。もはや作品とは直接関係なく、高校生軽音楽部のための大会として認識されるようになっています。また、『けいおん！』の舞台になった豊郷小学校旧校舎群は、他の様々な映画やドラマのロケ地として用いられるようになっています。こうした動きを継続して支えているのは豊郷町役場に勤める清水純一郎《しみずじゅんいちろう》氏です。

作品の舞台となったことをきっかけとした取り組みを持続させていくには、先に紹介したように様々な方法がありますが、そこにはやはり継続的にアクター間の利害を調整するようなメタ視点を持ったアクターが必要になります。それは１人の人ではなく、委員会などの組織が担う方法もあり、それが効果的に機能している地域もあります。

■アーカイブとデータベースの重要性

観光資源を生む、文化「資産」を得るためには、資源の保存が重要になります。特に、ポップカルチャーの分野では、このコンテンツの保存があまり進んでいません。保存と一言で言っても、事はそう単純ではありません。たとえば場所の問題があります。国立国会図書館を見てみればわかるように、あるいは、保存が目的ではありませんが、アマゾンなどのネット通販の倉庫を考えてみればわかるように、広大な敷地が必要になります。モノによっては湿度や温度の管理が必要です。

現在も、コンテンツを保存したり、それを公開したりしている施設は各地にあります。たとえば、マンガでは京都国際マンガミュージアム、マンガやサブカルチャーに特化した明治大学の米沢嘉博《よねざわよしひろ》記念図書館、ゲームならば、立命館大学ゲーム研究センター、長崎県佐世保市にあるテーマパーク「ハウステンボス」内のゲームミュージアムなどです。とはいえ、様々なメディアに亘《わた》って総合的に収集する機関はありません。

かつて「国立メディア芸術総合センター」という名称で構想されていましたが実現には至りませんでした。「国営マンガ喫茶」などと揶揄《やゆ》されていたことを覚えておられる方も多いでしょう。ですが、一定のテーマに基づいて、物や情報、生き物などを収集することは、そのテーマに関心のある人々の来訪を促すとともに、そこから研究成果や新たなコンテンツの創造が期待できます。そのためには、アーカイブされたもののデータベースも必要になります。

コンテンツツーリズムは、観光関係者や地域の関係者から、「モノではなく、コトによって資源価値を上げる観光」と理解されることがあります。本書でも、そうしたソフト面の話をたくさんしてきました。ですが、「モノ」やそれを保存、活用することに対する投資が不要という理解に陥ってしまってはいけませんし、投入資金を減らすための理屈として使うべきことではないということはここではっきり書いておきたいと思います。「モノ」そのものの価値は、やはりあります。今でも、博物館や美術館、図書館、動物園、水族館、植物園、昆虫館などは、たくさんの人々が訪れる観光資源になっていますね。

たとえば、『輪廻のラグランジェ』の舞台となった千葉県の鴨川市では、実にユニークな取り組みが行われています。それは、実際にアニメで使用した制作資料を鴨川の資料館で保管するという試みです。原画やタイムシートなどの制作資料は、それ自体が観光資源になり得ますし、たとえ、作品そのもののデータが何らかの理由で消滅してしまったとしても、アニメ作品を復元するための情報となるのです。あまり知られていませんが、コンテンツを制作する際に使用した制作資料は、保管場所の問題などもあり、最終的には制作会社の判断で廃棄されてしまうことが多いのです。鴨川市では、製作サイドと丹念に関係を作って来たことで、最終的に制作資料が移され、保管されることになったのです。

ただ、コンテンツはため込んでおくだけでは、不十分です。もちろん、資金が潤沢にあり、コンテンツを保存するためだけにアーカイブやデータベースを整備できるならそれでも良いでしょう。ただ、そうでない場合は、やはり活用を前提としたスキームでの予算獲得やシステムの整備が求められます。「活用」と言った時には、どのような活用があり得るでしょうか。大きく三つの方法があると思います。

一つ目は、アーカイブしたコンテンツの展示や閲覧です。データベースは、ビジネスに活用することが可能でしょう。これによって、維持や管理に資する収益源を得ることも考えられます。

二つ目は、教育です。展示や閲覧も、もちろん教育的な側面を多分に持っていますが、より深い教育に活用することができます。具体的には次の章で説明しますが、リアル脱出ゲームと絡めたり、フィールドワーク教育と絡めたりすることで、楽しく学べるスキームを作ることができ、次世代の人材育成につながります。これは「教養」を身に付けてもらうための教育で、三つ目の活用とも深く結びついています。

三つ目は、創作です。保存されたコンテンツを資料として、新たなコンテンツを生み出します。そうして創作されたものを、またアーカイブやデータベースで保存することによって、文化資産はさらに情報量を増し、新たな展示、閲覧、教育、創作などに活用することができるのです。継続的にコンテンツを創造していくために非常に重要な取り組みがあります。それは、その地域を表象することができる創作者（コンテンツプロデューサー）を育てていくことです。これは短期的には結果が出ない取り組みですが、未来への投資として実に有効です。

こうした広い意味での活用を進めるためには、人が必要になってきます。書籍や論文を含めた各種文献を保存、活用することについての研究蓄積がなされている分野があります。それが図書館情報学です。そして、様々な史料や資料を保存、活用することについてこれまで延々と研究してきた分野があります。それは博物館学です。図書館情報学を学んだ文献保存のプロフェッショナルは司書であり、博物館学を学んだプロフェッショナルは学芸員です。

ところが、近年の財政悪化や行政のダウンサイジング、そして、人口減少を見据えた対策などの理由で、こうしたプロフェッショナルの待遇は悪化しています。雇用形態が日々雇用や任期付き雇用に切り替えられていっています。あるいは、アニメを作り出す現場に携わる人々の雇用形態や待遇の悪さも時折ニュースになっています。これでは、文化の新たな担い手や、それを活用しようとする人がたくさん出てくる状況にはなりません。

国や地方自治体も、数年間の時限付きの補助金や助成金を出す施策では、こうした長期的な文化資産の整備ができません。活用を念頭においたコンテンツのアーカイブやデータベースの整備、コンテンツを生み出す人々に対する様々な補助に力を入れるべきです。

次に、アニメを例にして、アニメ聖地のデータ整備の状況についてご紹介しながら、そのデータからどのような施策を考えることができるか見ていきましょう。今回、「アニメ聖地巡礼ＭＡＰ」というアプリを開発している方々から、全国のアニメ聖地のデータをいただくことができました。２０１８年９月24日時点で、このデータベースに登録された作品は９９６作品、収録地点の数は１万２３８０点に上ります。

都道府県別アニメ聖地作品数

順位	都道府県	作品数	順位	都道府県	作品数	順位	都道府県	作品数
1	東京都	628	17	栃木県	20	33	島根県	10
2	神奈川県	186	18	沖縄県	19	34	新潟県	9
3	埼玉県	101	19	香川県	18	35	青森県	8
4	千葉県	87	20	宮城県	17	36	三重県	8
5	北海道	78	21	富山県	15	37	秋田県	7
6	京都府	74	22	山梨県	15	38	福井県	7
7	静岡県	65	23	岡山県	15	39	鳥取県	7
8	大阪府	52	24	長崎県	15	40	山口県	7
9	兵庫県	40	25	熊本県	15	41	徳島県	7
10	愛知県	38	26	石川県	14	42	高知県	7
11	福岡県	36	27	鹿児島県	14	43	和歌山県	6
12	群馬県	33	28	岩手県	13	44	愛媛県	6
13	長野県	31	29	福島県	13	45	大分県	6
14	広島県	29	30	奈良県	12	46	佐賀県	5
15	茨城県	24	31	滋賀県	11	47	宮崎県	3
16	岐阜県	21	32	山形県	10	合計	1862	

試しに、このデータを用いて、47都道府県それぞれの聖地数を出し、作品数の多いほうから並べてみました。

合計作品数が１８６２と収録作品数である９９６を大幅に超えているのは、一つの作品でいくつかの都道府県が出てくるものがあるからです。順位を見てみますと、東京都が６２８作品で、ダントツの１位であることがわかります。次いで、神奈川県、埼玉県、千葉県と東京都に隣接した地域が続きます。５位には北海道、６位に京都府、７位には静岡県が入り、８位が大阪府、９位は兵庫県、10位に愛知県がランクインしました。

東京都やその周辺に聖地が多い原因の一つには、アニメ制作会社が東京に集中しているという理由が考えられます。ロケの費用はできるだけ節約したいでしょうから、近場が選ばれます。また、消費者人口も東京が多いため、「多くの人に日常を感じさせられることができる風景」として選ばれるのも理由の一つでしょう。

そう考えると、アニメの舞台を自地域に増やそうと思えば、アニメ制作会社を誘致するという手が考えられます。実際、東京以外で著名なアニメ制作会社の「京都アニメーション」が制作する作品の舞台は近畿《きんき》地方が多く、富山に立地している「ピーエーワークス」が制作する作品の舞台は北陸地方が多くなっています。

ただ、数が多いかどうかだけではなく、インパクトの大きな作品があることが重要です。『君の名は。』や『氷菓』の舞台である岐阜県は数のランキングでは16位ですし、『けいおん！』や『ちはやふる』の聖地がある滋賀県は31位です。いずれもインパクトの大きな作品でファンの数も多く、活発に巡礼が行われています。数が少ない県でも、フィギュアスケートの世界を描いた人気アニメ『ユーリ!!! on ICE』の舞台のモデルは佐賀県の唐津《からつ》市ですし、アニメ映画『ペンギン・ハイウェイ』の舞台は奈良県にあります。

また、「一つの作品にいくつかの都道府県が出てくるものがある」点も活用することができます。たとえば、一つの作品の聖地を複数県にまたがって回る広域観光連携が考えられます。『らき☆すた』の聖地と言うと、この本でも何度も言及してきた埼玉県久喜市鷲宮が有名なのですが、主人公の自宅は幸手市にありますし、主人公たちが通っている高校は春日部市で、作中では秋葉原や東京ビッグサイトにも行っています。さらに、修学旅行の回では奈良や京都にも行っています。このように考えると、『らき☆すた』の聖地を巡るツアーは、これまでの広域観光とは異なる軸を提案することができます。

さらに、同じアニメーション制作会社が手掛けた作品の聖地を巡るツアー、なども考えられます。『らき☆すた』を制作したのは京都アニメーションですが、他に『涼宮ハルヒの憂鬱』『けいおん！』『氷菓』『中二病でも恋がしたい！』『たまこまーけっと』『Free!』『境界の彼方《かなた》』『響け！ユーフォニアム』などの数々のヒット作を制作しています。これらの舞台を巡る旅となれば、海外も含めてかなりの地域を訪ねることになります。あるいは、声優のファンという人たちもいますから、声優つながりで、ある声優さんが演じたキャラクターが関連する地域を一気に巡るツアーなども考えられます。

広域連携というと、つい隣接する地方自治体との連携や、同じ地方の連携を考えてしまいますが、旅行者目線で考えてみた時に「私は○○県には行くけれども、ここから先は□□県だからやめておこう」などと思うでしょうか。そんなことはないと思います。強い興味や関心があれば、県をまたごうが、国をまたごうが、訪ねていくでしょう。

ここで紹介したのは、アニメに特化したデータですが、マンガやゲーム、小説など、様々なコンテンツで同様の網羅的なデータベースを整備、維持できれば、巡礼ビジネスを展開していく上でも、研究を進めていく上でも、実に有用なデータベースになることは間違いありません。

こうしたアーカイブやデータベースの整備という意味では、筆者は「ところざわサクラタウン」に期待しています。ところざわサクラタウンとは、KADOKAWAが埼玉県所《ところ》沢《ざわ》市に建設を予定している施設です。ウェブページを見ると3万7382・42平方メートルの敷地に、KADOKAWAの製造・物流拠点を整備し、図書館・美術館・博物館を融合したクールジャパンの総本山とも言える文化コンプレックスと街づくりの実現を目指す、と書かれています。ここが研究拠点となり、常に何か新しいものが創造されていく、そんな場所になると素晴らしいと思っています。

■ポップカルチャーの政策と活用

日本のポップカルチャーの活用政策がどのようになされてきたかを確認し、現在どのよ

ポップカルチャーを活用した文化外交・経済振興政策の流れ
（大谷・松本・山村『コンテンツが拓く地域の可能性』に掲載の表に加筆して筆者作成）

年	出来事
1990	Joseph S. Nye, Jr."Soft Power"
1990年代	当時の英国を表現する語として"Cool Britannia"が広く使われるように。
2002	Douglas McGray "JAPAN'S GROSS NATIONAL COOL"
2003	1月、小泉総理が施政方針演説で「2010年までに訪日外国人旅行者数を約1,000万人に増やす」ことを目標に掲げる。小泉総理が「観光立国懇談会」を主宰。小泉政権（2001年4月～2006年9月）
2004	『冬のソナタ』ブーム（日本でのテレビ放送は2003年から）、イラク復興支援で日本の自衛隊が駐留したイラクのサマーワでODAにより供与された給水車に『キャプテン翼』のラッピングが施される。
2005	3月、国土交通省・経済産業省・文化庁『映像等コンテンツの制作・活用による地域振興のあり方に関する調査　報告書』
	10月、第3次小泉内閣にて麻生太郎氏が外務大臣に就任。第1次安倍内閣を経て2007年8月まで。
2006	外務省『「ポップカルチャーの文化外交における活用」に関する報告』
2007	1月、「観光立国推進基本法」施行（議員立法）
	5月、外務省「国際漫画賞」
	6月、「観光立国推進基本計画」閣議決定
2008	3月、外務省初代「アニメ文化大使」としてドラえもんが就任
	10月、国土交通省の外局として「観光庁」新設
2009	2月、外務省、「ポップカルチャー発信使（通称「カワイイ大使」）」を任命。2010年3月任期満了
2010	経済産業省製造産業局「クール・ジャパン室」設置
	観光庁『JAPAN ANIME TOURISM GUIDE』
2011	JNTO『JAPAN ANIME MAP』
2012	3月、『観光立国推進基本計画』改定→ニューツーリズムの欄に、観光コンテンツの1つとしてアニメが記載される。
	経済産業省が『コンテンツ産業の現状と今後の発展の方向性』の中でコンテンツの「聖地」という表現を用い、そうした地へのインバウンド観光客増を戦略として掲げる。
2013	観光庁・日本政府観光局（JNTO）・経済産業省・JETROが『訪日外国人増加に向けた共同行動計画』を発表。「クール・ジャパンコンテンツから想起される観光地（総本山、聖地）への訪日」
	訪日外国人旅行者数年間1,000万人を史上初めて達成

年	出来事
2014	6月、観光立国推進閣僚会議が『観光立国実現に向けたアクション・プログラム2014　―「訪日外国人2000万人時代」に向けて―』を発表。「2020年に向けて、訪日外国人旅行者数2000万人の高みを目指す」と明記。
2016	3月、「明日の日本を支える観光ビジョン構想会議」。訪日外国人観光客数の目標人数を、2020年に4,000万人、2030年に6,000万人とすることを決定
	8月、リオデジャネイロ・オリンピックの閉会式に、安倍総理がゲームキャラクターのマリオ姿で登場
2017	3月、『観光立国推進基本計画』改定→メディア芸術の振興の欄に、マンガ、アニメーション、映画、メディアアートが記載される。
	一般社団法人アニメツーリズム協会による海外からの旅行者向け事業「世界中で人気の≪ジャパンアニメ≫の聖地（地域）を活用した広域周遊ルートのモニターツアー」が、観光庁の「テーマ別観光による地方誘客事業」に採択。
2018	一般社団法人アニメツーリズム協会による海外からの旅行者向け事業「アニメ聖地を訪れるツアーの造成・試験販売及び複数のアニメ聖地の周遊性の実証実験」が、観光庁の「テーマ別観光による地方誘客事業」に採択。

うに活用されているのかを見てみましょう。表は書籍『コンテンツが拓く地域の可能性』（大谷尚之《おおたになおゆき》、松本淳《まつもとあつし》、山村高淑著　同文舘出版）に掲載されていた表に、加筆したもので、日本におけるポップカルチャーを活用した文化外交や経済振興の流れを示したものです。

２００５年以降、アニメやマンガ、ゲームなどのポップカルチャーが地域振興の文脈やインバウンドの文脈で政策的な期待を集めていることがよくわかります。特に、２０１６年にはリオデジャネイロ・オリンピックの閉会式に日本のアニメやマンガ、ゲームのキャラクターが登場する映像作品が流され、そのクライマックスに、マリオのコスプレをした安倍《あべ》総理が登場したのは記憶に新しいと思います。オリンピックという、世界各国からのまなざしが注がれる場にもコンテンツが用いられています。

コンテンツツーリズムに限らず、日本の観光政策全体の戦略について書かれた「観光立国推進基本計画」の中には、2007年の時点では、「フィルムツーリズム」という言葉は認められますが、ことさらに「アニメ」が強調されているわけではありませんでした。ところが、2012年に改定された際には「アニメ」とはっきり明示されるようになりました。2017年の改定でもそれは継続しています。

成田《なりた》空港には、2018年4月にアニメツーリズム協会が「アニメツーリズム インフォメーション」を設置しました。

今後は、実際にこうした取り組みに、海外からの観光客がどのような反応を示し、実際にどのような回遊行動が誘発されたのか、あるいは、されなかったのか、といったデータを得ていくことが重要になります。「海外からの観光客」と一言で言っても、国や地域によってその特徴はかなり違うでしょうし、同じ国であっても、世代や性別、興味や関心の違いによって、動きは変わってくるはずです。そうした質的、量的に充実したデータを収集し、きめ細やかな情報提供を行っていくことが必要になります。

成田空港のアニメツーリズム インフォメーション（写真提供／アニメツーリズム協会）

また、海外のクリエイターを含めて、日本で作品を作りやすい環境を整えることも今後必要になるでしょう。すでに、日本各地にフィルムコミッションがあります。ロケ地の紹介や弁当や宿泊施設の手配などが主な業務です。このフィルムコミッション、基本的には映画やドラマなどの実写作品を主に取り扱っていることが多いのですが、もっとコンテンツを拡大していってはどうかと思います。小説やマンガ、アニメ、ゲームなどのロケ地を供給できれば、地域と関わるコンテンツがどんどん蓄積されていきます。

こうした様々な取り組みによって、観光資産が充実していくことこそが、国内外から人を惹きつける「聖地」を創り上げる際に重要なポイントとなるのです。

第6章　巡礼ビジネスに必要なこと

■巡礼ビジネスを始めるヒント

最後に、今回本書でご紹介した知見を用いて、実際にどのようなことが可能なのか、そして、今後、何が必要になるのかについて、まとめの意味も込めて、書いておきたいと思います。例としてご紹介するのは、私が実施した小さな取り組みですが、ほとんど予算が無い中で、これまでの研究成果から学んだことを用いて、アイデアと工夫で実施し、かかわる人々がそれぞれに面白がれて、次につながるものが出来上がりました。皆さんそれぞれの取り組みやビジネスに、お役に立てれば幸いです。

最初は、私のとある思い付きから始まりました。皆さんは、ゲームの攻略本をご存じでしょうか。テレビゲームを攻略するための情報が掲載された書籍のことです。最近のものですと、家庭用ゲーム機の性能が上がったことでゲーム内の情報量が増え、攻略本も事典のような分厚さになり、書店の棚で存在感を放っています。

私は幼いころ、このゲーム攻略本が大好きでした。ゲームのソフトそのものが高価で購入できなかった時は、お小遣いで攻略本を買い、それをボロボロになるまで読んでいたのです。ゲームの世界を示したマップや、登場するキャラクター、敵のモンスター、手に入る武器や防具などのアイテム、それらのゲーム画像やイラストなどを見て、ゲームをやったつもりになってワクワクしていました。

大人になって、はたと気づきました。「ゲームの攻略本って、ゲームの世界のガイドブックなのではないだろうか？」。確かに、攻略本はゲームの世界のことについてとても詳しく解説されています。この城ではこのアイテムが手に入る（お土産）、この砂漠ではこういうモンスターが登場する（自然資源）、この村では効果的な薬草が買える（食文化）、手早くクリアするための裏技（短時間で回るツアーコース）などなど。このように考えると、逆に、ガイドブックは現実の観光地の「攻略本」と言えそうです。

ここまで考えて思いついたのが、現実空間をドット絵で表現したガイドブックの制作です。２０１２年に、Google マップがエイプリルフール企画でマップを8ビットで、まるでファミコンの画面のように表現して話題になったことも、大きなヒントになりました。夢は膨らみます。２０１０年8月には拡張現実オンラインＲＰＧの『セカイユウシャ』がリリースされていました。「スマホを持って現実世界を移動すると、画面の中のドット絵マップがスクロールしていって冒険できるようなゲームがあったら面白いだろうなぁ」と夢想しました。

とはいえ、そんなゲームアプリを一から開発できる技術もお金もありません。ガイドブックにしても、実際に製本、印刷するとなると、それなりの時間やお金がかかります。私には、スキルもお金も人も時間も足りません。そこで、ひとまずマップを作ることにしました。奈良をドット絵で表現したマップを作ったら面白いのでは、というアイデアを、上記の発案経緯を含めて、当時出会った様々な人に話していきました。家族、学生さん、研究者、取材に来られたマスコミの方々、地域の人々などです。

そうすると、いろいろな反応が得られます。とても興味を持ってくれて新たなアイデアをどんどん思いついて教えてくれる人、実現のために一緒に動こうとしてくれる人もいれば、大して興味がなさそうな人、なんだかよくわからないという反応の人もいました。でも、それでよいのです。これまでも強調してきたように、観光には「差異」と「創造的な取り組み」が必要です。全員が何の抵抗もなく「そうだね」と納得するものは、ちょっと警戒する必要すらあるかもしれません。常識的過ぎる可能性があるからです。

「構想」を話して回っているうちに、協力してくれそうな人たちが集まり始めました。この初期メンバーを集める際に、私が重要だと考えているポイントが二点あります。一つ目は、「参加してくれるように」とあまり無理に「お願い」しないことです。どうしてもいてくれないと困る人については、頼み込むことも必要になる場合がありますが、基本的には自分から「やりたい」と言ってくれる人に集まってもらうことにしています。経験上、プロジェクトを進めていく中で、それを阻害する行動に出るのは、無理にお願いして入ってもらった人の場合が多いように思います。二つ目は、あまり最初から関係者の数を増やさないことです。関係者が増えると、合意形成に時間がかかり、プロジェクト全体の動きが鈍くなってしまうからです。また、一般的に、関係者が多くなればなるほど、一人一人の当事者感が希薄になることにも注意が必要です。

さて、こうして集ったメンバーは私もあわせて4人です。少ないと思われるでしょうか。個人的には、小さなプロジェクトを始めるには、3～5人程度が最適な人数だと思います。アイデアの多様性を担保しつつ、連絡や意思疎通が無理なく行えるサイズだからです。ついつい、こうしたプロジェクトを始める際には「メンバー」の方を先に集めたり、会議体や組織を作ったりすることを考えがちですが、最初は構想に興味、関心を持ってくれる人で、やる気と能力がある人、数名で動き始めるのがオススメです。

実際に集まってくれたのは、学生さんが2人と、編集者の堀直人《ほりなおと》氏でした。堀氏は、私の単著『n次創作観光』（北海道冒険芸術出版）の編集を担当してくれた方で、私が学生の

企画会議の様子（手前2名が学生、右奥は堀直人氏）

頃からの付き合いで、仕事仲間であり友人です。この4人で、「構想」を元に「企画」に仕上げていきました。まずは、実際に販売されているガイドブックやゲーム攻略本をパラパラとめくりながら、アイデアを出し合います。どんなマップにするのか、どういう情報を入れ込むのか、ターゲットは誰なのか、どこに配付するのか、どういう媒体で発信していくのか、といったことを具体化し、黒板に書いていきました。

こうした企画会議の場でも、いろいろと夢は膨らみました。マップの話をしていたのに、和傘があったら面白い、というアイデアまで出てきました。いきなりすべてを実現することはできませんので、ひとまず、大学のキャンパス周辺という一番身近な地域のマップから始めることにしました。ロールプレイングゲームでも、主人公が住んでいる村や町などの、身近なところから物語が始まります。今回は、奈良を冒険し始める「レベル1」という位置づけです。

次に必要なのは、コンテンツの元になる情報です。こうした企画を行おうとすると、中には、ネットで調べた情報やガイドブックに掲載されている情報を使おうとする人がいます。それでは我々が新たに作る意味がありませんし、本当にそのまま使ってしまっては剽《ひょう》窃《せつ》になってしまいます。文章泥棒ですね。これは、大学で論文やレポートを書く際にも、絶対にやってはいけないと言われる行為です。勝負は生の情報をどのように得るかという点にあります。

ここまで来たら、次は「調査」です。作り上げるコンテンツに必要な情報を得るプロセスですね。実は、企画段階でも調査をやっていました。実際に販売されているガイドブックや攻略本などを見て、すでに世に出ているものを参考にしていたことを思い出してください。構想を練る時、企画を考える時、実際に制作する時、様々な段階で「調査」が必要になります。

インタビュー調査を実施する際に注意すべき点は色々とありますが、一点、とても大切なことがあります。それは、「相手の時間を使わせていただいている」という自覚です。相手がどのような立場の人であれ、自分の都合に相手が合わせてくれているわけですから、その部分への気遣いは必須《ひっす》です。

一方で、せっかくお時間をいただくわけですから、充実の時間にすることも忘れてはなりません。申し訳なく思ってばかりで、必要なことが聞けないのでは意味がありませんよね。その時に必要なのは、下調べをしっかりしていくことです。ウェブで検索して手に入る情報は最低限おさえましょう。さらに、新聞や雑誌記事、論文、書籍など、相手のことがわかる資料はできうる限り目を通し、予習しておきます。なぜでしょう。それは、会わなくてもわかる内容に、貴重なインタビュー時間を費やさないためです。

研究調査などでもそうなのですが、よく調べずにインタビューしてしまうと、その人から直接聞かなくてもわかる内容の質問をしてしまうことがあります。そういう質問を受けた側はどう思うでしょうか。「そんなことも調べずに来たのか」とあきれてしまうでしょうし、「よくわかってないみたいだから詳しく話しても無駄だな」と思われてしまうかもしれませんね。インタビュー依頼がたくさん入るお店や人ならなおさらです。

私も調査先の人々とお話ししていると、学生の卒論のインタビュー調査のやり方に苦言

商店街でのインタビューの様子

を呈されることがよくあります。「何も調べずに来るので一から全部話さなければならない」とか、「せっかく何時間も話したのに、成果物を届けに来てくれたことが無い」といったものです。逆に、しっかり調べて臨めば「そんなに熱心なら、こういう話もしてみよう」と思ってくださる人が多いでしょうし、「ここまでしっかりした奴なら、あの人にも紹介できるな」と新たな人を紹介してくれるかもしれません。しっかりまとめた成果物を届ければ、つながりが維持でき、そのネットワークは今後の人生に良い影響を与えてくれるでしょう。感謝の気持ちを持って、誠実に対応することが大切ですね。

さて、このように集めた情報を元にマップ

NARA QUEST Lv.1 ならけんだい（左：表面、右：裏面）
（http://id.nii.ac.jp/1447/00001455/）

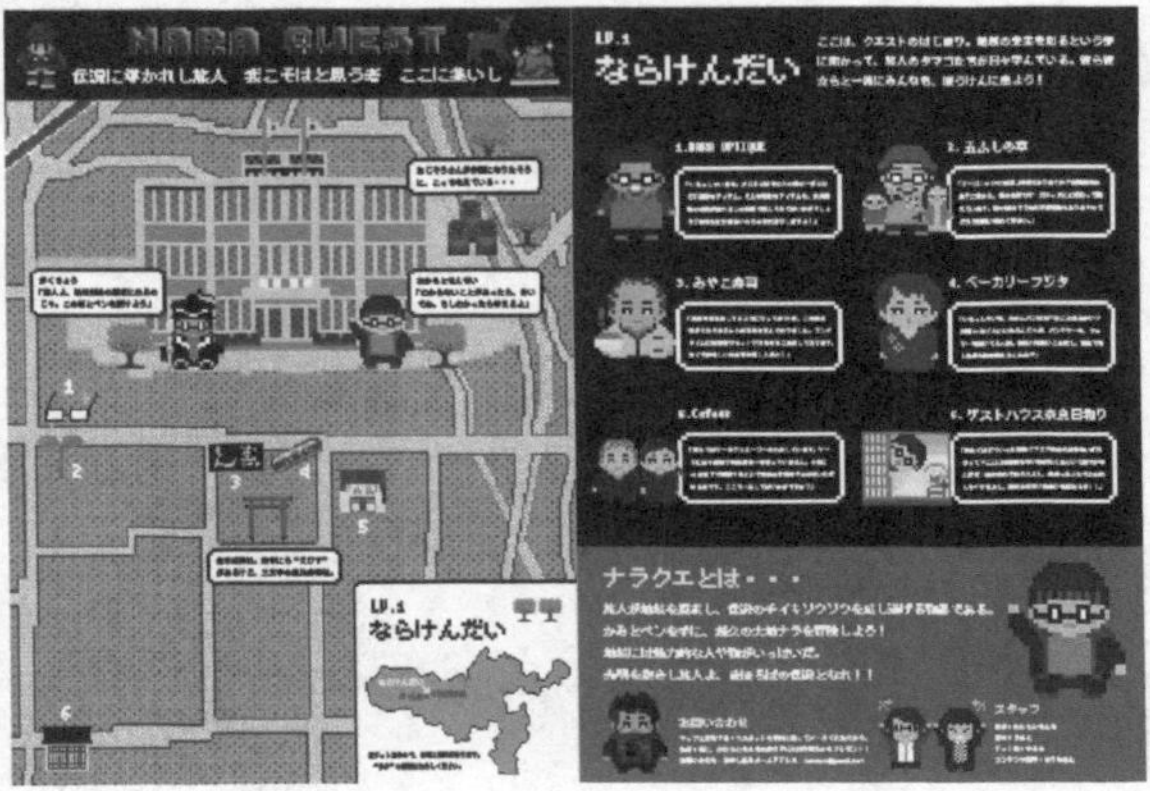

を作り上げました。表面には、大学をＲＰＧのお城のように表現し、周囲をまるで草原のように描いています。そこに、眼鏡や寿司《すし》屋の看板、パンなど、インタビューを行った先の商店や、近くにあったお地蔵さんや鳥居などをアイコン化して配置しました。

実際は、大草原の中に建っているわけではないですし、建物はこんなに巨大ではありませんが、このように抽象化して情報量を減らすことによって（なにせ8ビットです）、取り上げたものを強調することができます。地図の場合は建物や道路幅などが正しくなければなりませんが、こうしたマップの場合は、そこはアレンジしても問題ありません。これがマップの面白さです。

裏面には、店主へのインタビューから得た情報をそれぞれたったの4行におさめています。実際はそれぞれ1時間近くお話を伺っているので、この作業は実に大変なものでしたが、お店や店主の魅力が最も伝わる言葉を選んで、セリフとして掲載しました。RPGで出てくる「村人」との対話をイメージしています。

この1枚のマップが、その後、様々な取り組みにつながっていきます。新聞記者からの取材やテレビ番組への出演、奈良県産業振興総合センターとの連携事業、近畿日本鉄道とのツアー商品開発などです。これらの展開の中でも、特に、若草《わかくさ》公民館との協働プロジェクトは、このマップがつないでくれた縁によって、新たな面白い取り組みが生まれた好例だと思います。

『NARA QUEST Lv.1 ならけんだい』マップを作って公開してしばらくしたある日、大学の近くにある若草公民館の館長から連絡をいただきました。お会いして話を聞いてみると、公民館のこれまでの企画（講演会や展示など）では、高齢の方はたくさん来てくださるのだけれど、若年層には全然リーチしないので困っている、とのことでした。また、ご本人は、「リアル脱出ゲーム」がお好きで、よく公演に参加しておられ、問題を自作してしまうほどのマニアでいらっしゃいました。偶然にも、私のゼミを受講している学生の中にも、リアル脱出ゲームに興味を持ち、そのテーマで卒論を書こうとしている人がいました。さて、また人が集まり始めました。次の冒険は、地域資源を楽しく学べる謎解きゲームになりそうです。

メンバー同士で打ち合わせを進め、若草公民館にお邪魔して、地域資源についての調査を始めました。私たちが衝撃を受けたのは、現在の風景からは想像もつかないのですが、奈良市立若草中学校の敷地内に、その昔、多聞城というお城が建っていたということです。その城主は松永久秀《まつながひさひで》という武将で、織田信長《おだのぶなが》の家臣でした。奈良と言えば、飛鳥《あすか》時代や奈良時代のことばかりが注目されてしまいがちです。私はよく講演などで、半分冗談で「奈良はブランド化されすぎている」という言い方をします。つまり、イメージが固定化されていて、はっきり言うと「鹿」と「大仏」の印象がとても強いのです。少し考えてみると、平安時代も室町《むろまち》時代も、江戸時代にもその場所はあって、人が住んでいたわけですから、城が建っていたって何もおかしくないわけです。しかし、全くイメージになかったため、とても意外に感じました。さて、この「意外性」はチャンスです。武将、城というのも、ゲームのモチーフとして実に使いやすそうではないですか。公民館周辺を歩き回って特徴的な構造物を探したり、これまでにまとめられた地域の歴史に関するリーフレットや書籍などを読んだりしながら、ゲームで使うマップを作り上げていきます。

地域資源を学びながら解き進められるクイズや仕掛けも作成していきます。今回のイベントの場合は、どんな年齢で、どれほど地域のことを知っている人が参加するか、企画段階では絞り込めない状態です。謎解きそのものが難しすぎれば、最後までクリアできる人が極端に少なくなってしまいます。本家のリアル脱出ゲームなら、クリアできた人が少ないという事実そのものもゲームのブランドを高めることになっているためそれで良いのですが、今回はそうではありません。全員がクリアできるようにする必要があります。その一方、あまりに簡単過ぎるとゲーム的な面白さが減じられてしまいます。

問題そのものも、これらのことを考え、かなり練ったものにしたのですが、どこまで考えても、実際の参加者が解けるかどうかはわかりません。また、今回のイベントのキモは、ただ謎解きができればよいわけではなく、普段公民館の企画に参加していない世代の人たちが参加してくれ、地域資源に少しでも興味を持ってもらうことにあります。

そこで、考えたのが、チェックポイントに学生ボランティアと地域の観光ボランティアガイドを1名ずつ配置する、というものでした。今回の謎解きでは、地域資源の知識が必要な問題や、文字や数字を操作する「ひらめき」が必要な問題がありました。そのどちら

地域資源をマップに落とし込む

チェックポイントでのガイドと参加者の交流

かが欠けてしまうと、次に進めなくなってしまいます。学生ボランティアと地域の観光ボランティアガイドに、問題と解答を事前に伝えておき、参加者が解答に詰まったらヒントを出す役割を担ってもらいました。しかも、こうしておくことで、地域資源についてのより詳しい説明ができ、参加者と学生との交流などが生じる可能性が高まります。

こうして出来上がったイベントを実際に催行してみたところ、下は6歳の男の子から上は80歳の女性まで、幅広い世代の参加者が訪れました。始まってみると、「ひらめき」が必要な問題は、どちらかというと小学生や大学生が得意でした。出題側としては「かなり難しいだろう」と思っていたものも、スラスラ解いてしまいます。一方で、「地域資源の知識」が必要な問題は、普段から公民館のイベントに参加している高齢者の方々に一日の長がありました。

ここで、我々が予想もしていなかったことが起こります。小学生が高齢者にクイズの答えを教え、高齢者が大学生に地域資源の知識を伝え始めました。参加者同士で教え合いが生じたのです。この時、私は「やった！」と思いました。ただ謎解きゲームをしてゴールした、というだけでは、なかなかその地域資源に愛着を持つ、というところまでは到達しないでしょう。ですが、人を通して語られる「お話」となると、文字で読むよりも、さら

謎解きゲームには世代を超えた参加者が集まった

に興味、関心を持ってもらいやすいのです。

私が普段書いている論文や学術書でも、実際にお会いして「こういうことを書いた成果です」と説明すると、「それは面白そうだ！読みます」と言って本を買ってくださったり、論文を読んでくださったりします。

実際、このイベントの参加者は、謎解きゲームをクリアした後、同時開催していた公民館での歴史展示を興味深そうに見ていました。普段はほとんど高齢の方しか来ない展示イベントに、30代以下の若い人たちに来てもらうことができたわけです。いかがだったでしょうか。私の単なる思い付きが、巡り巡って地域のイベントにまで行きつきました。他にも、ビジネスとしてお金を取って催行したツアーなどにも展開しました。

私は、これを「わらしべ長者メソッド」と呼んでいます。「わらしべ長者」というおとぎ話があるのはご存じかと思います。主人公の男は、「わらしべ」を手にもって歩いていきます。その道中で、子供を泣き止ませるために「わらしべ」を必要とする人と出会い、その人が持っていた「蜜柑《みかん》」と交換します。またしばらく行くと、今度は喉《のど》が渇いた人から「蜜柑」が欲しいと言われ……という具合に、どんどん物々交換をして、最後はお屋敷を手に入れてしまうというお話です。実に夢のある話ですが、そんなことが誰の身にも起こったら、全員が大金持ちですね。

ここで重要な点があります。主人公の男は「ただラッキーだっただけ」ではないということです。どういうことでしょうか。実は彼は、最初に「わらしべ」だけを持って歩いていたわけではなく、「わらしべ」に「飛んでいたアブ」を結びつけたのでした。最初の交換は、この「アブが取り付けられたわらしべ」を面白がって欲しがった男の子、によって始まるのです。私は、これが「巡礼ビジネス」を駆動させるのに必要な「コンテンツ化」の良い例だと思うのです。

最初は小さな取り組みで構わないのです。でも、その取り組みは、面白い、コンテンツ化されたものである必要があります。その面白さは、共感する人を惹《ひ》きつけることになり、そういう人と新たな取り組みを行う。これを続けていくことで、「ただの思い付き」が形になり、その規模も大きくなっていくというわけです。

■情報発信のプラットフォーム

前述の展開を支えた仕掛けが一つあります。それは、「地域創造データベース」です。これは、文部科学省の補助金事業であるCOC事業の予算を用いて、作成したもので、ウェブ上で文書や静止画を閲覧できるシステムです。私が当時勤めていた奈良県立大学には、機関リポジトリがありませんでした。機関リポジトリとは、「大学とその構成員が創造したデジタル資料の管理や発信を行うために、大学がそのコミュニティの構成員に提供する一連のサービス」のことです（学術機関リポジトリ構築連携支援事業　https://www.nii.ac.jp/irp/about/）。

そのため、機関リポジトリの役割も内包しながら、地域の様々な情報を登録できる「地域創造データベース」を作り上げたのです。2014年12月から2018年3月まで稼働した結果、400を超えるアイテムが登録でき、それらの総アクセス数は7万5085でした。この数値が異常に多いかと言えば、そうでもないと思います。特に、奈良県立大学は学生数も教員数も少ないため、総合大学のリポジトリのダウンロード数と比較すると、実に貧弱な数値であると思います。ですが、このデータベースがあったことで、紙としては１０００枚ほどしか刷っていないマップが、デジタル情報で誰でも見られる状況になりました。

このデータベースは、特に新しい技術を使っているわけでも、同様のシステムと比べて著しく性能が良いわけでもありません。私が本システムを設計する上で工夫したのは以下の点だけです。それまでのリポジトリの多くは、基本的にはその大学に所属している教員か大学院生によるもので、紙媒体としてどこかで印刷され本体があるものしか登録できませんでした。地域創造データベースでは、その運用を変更して、学部生や地域住民による登録も、教員の許諾は必要ではありますが、可能にしました。さらに、紙の印刷物が存在しなくても登録できるようにしたのです。つまり、リポジトリそのものにリリース機能を付けたというわけです。

印刷物として、世の中にリリースされていなくても、データさえあれば良いわけですから、リポジトリに登録するハードルは一気に下がります。リポジトリに登録することで、作品に固有のＵＲＬがつけられます。そうすると、紹介、発信、拡散などがしやすくなります。私の場合は、リポジトリに登録して得られたＵＲＬを、Twitter や Facebook に掲載して宣伝したり、ＱＲコードに変換して授業や講演の際にスライドにうつし、それを受講者にダウンロードしてもらったりして活用しています。

つまり、企画を構想し、簡単なことで構わないので実現する。結実した結果をウェブ上のデータベースに登録し、発信する。メンバー各自がＳＮＳやメール、ウェブページ等を用いて、拡散する。そうすると、その作品や情報に興味を持った人からリアクションがある。これによって、さらにコンテンツが広がったり、興味を持った人との協働で、さらに新しいコンテンツを作り上げることができる。こうした循環が生まれるのです。

今では、このようなことは一般的なシステムを使っても簡単に始めることができます。自分の考えや作品を継続的に発信し、それがどの程度アクセスされるものなのか、どういう工夫をすれば多くの人に届く発信ができるのか、試行錯誤を重ねてみましょう。

■知的財産と創造性教育の充実

本書で紹介してきたような取り組みを実施する上で、重要なことの一つが知的財産権

(Intellectual Property Rights) をはじめとした、メディア・コンテンツのリテラシー教育です。これまで、メディア・リテラシー教育と言えば、マスメディアで報道されることを鵜《う》呑《の》みにしてはならないとか、インターネット上の情報はソースを確認しようといった、受容者としての教育が目立っていました。また、著作権というと、それに関連したトラブルについてのニュースがよく報じられてきたこともあり、「ややこしいこと」という印象が強いようです。

著作権法を見てみると、第一章、第一節の第一条に、次のように書かれています。

この法律は、著作物並びに実演、レコード、放送及び有線放送に関し著作者の権利及びこれに隣接する権利を定め、これらの文化的所産の公正な利用に留意しつつ、著作者等の権利の保護を図り、もつて文化の発展に寄与することを目的とする。

最後のところを見てください。「文化の発展に寄与すること」が目的となっています。著作権と同様の知的財産権の一つである特許についてはどうでしょう。こちらも、特許の「侵害」や「訴訟」といったイメージが強いのではないでしょうか。特許法の第一条にはこうあります。

この法律は、発明の保護及び利用を図ることにより、発明を奨励し、もつて産業の発達に寄与することを目的とする。

やはり「産業の発達に寄与すること」が目的になっています。知的財産権については、侵害や訴訟、賠償金などのニュースがクローズアップされがちなのですが、そもそもの目的は文化や産業の発展、発達のための法律であり、著作者や発明者の権利を守り、創作や発明を奨励するためのものです。

本書では、メディアの発展とともに、人々は情報を受信するだけでなく、広く発信するようになってきていることを確認してきました。つまり、現在は、受容者教育を踏まえつつも、「創作者」「発信者」としてのリテラシー教育が必要とされているのです。その危険性や禁止されていることについての学びはもちろんですが、それだけではなく、様々なメディアやコンテンツの特性を理解して、どのように活用していけるのかに焦点を合わせた学びが必要になっています。

次ページの表を見てください。メディア・リテラシーの構成要素には、様々なものがあることがおわかりいただけるかと思います。特に（５）～（７）が、編集や創造、発信に関わる力ですね。

あるいは、浪田《なみた》陽子《ようこ》氏と福間《ふくま》良明《よしあき》氏の編著『はじめてのメディア研究』（世界思想社）の中で、メディア・リテラシーは次の三つの力に分けることができると書かれています。

①メディアの仕組みや特徴、社会における役割を理解すること
②メディアのテクストをクリティカルに分析すること
③各種メディアを用いて情報の編成・発信の試みをすること

①について、意外におろそかにされてしまう場面が出てきていますが、とても重要な教育です。メディアそのものについて学んでおくことは現代社会を生きる上での基礎知識と言っても過言ではありません。たとえば、パーソナル・コンピュータの基礎教育は今でも必要とされています。もしかすると「今の若い人たちは、デジタル機器の扱いにたけているので、パソコンなど教えなくても使えるだろう」と思われるでしょうか。実はそれは大

ソーシャルメディア時代のメディア・リテラシーの構成要素

（中橋雄(2014)『メディア・リテラシー論―ソーシャルメディア時代のメディア教育』北樹出版、より）

(1)メディアを使いこなす能力
a. 情報装置の機能や特性を理解できる。
b. 情報装置を操作することができる。
c. 目的に応じた情報装置の使い分けや組み合わせができる。

(2)メディアの特性を理解する能力
a. 社会・文化・政治・経済などとメディアとの関係を理解できる。
b. 情報内容が送り手の意図によって構成されることを理解できる。
c. メディアが人の現実の認識や価値観を形成していることを理解できる。

(3)メディアを読解、解釈、鑑賞する能力
a. 語彙、文法、表現技法などの記号体系を理解できる。
b. 記号体系を用いて情報内容を理解することができる。
c. 情報内容から背景にあることを読み取り、想像力を働かせて解釈、鑑賞できる。

(4)メディアを批判的に捉える能力
a. 情報内容の信憑性を判断することができる。
b. 「現実」を伝えるメディアも作られた「イメージ」だと捉えることができる。
c. 自分の価値観に囚われず送り手の意図、思想、立場を捉えることができる。

(5)考えをメディアで表現する能力
a. 相手の目的を意識し、情報手段・表現技法を駆使した表現ができる。
b. 他者の考えを受け入れつつ、自分の考えや新しい文化を創出できる。
c. 多様な価値観が存在する社会において送り手となる責任・倫理を理解できる。

(6)メディアによる対話とコミュニケーション能力
a. 相手の解釈によって、自分の意図がそのまま伝わらないことを理解できる。
b. 相手の反応に応じた情報の発信ができる。
c. 相手との関係性を深めるコミュニケーションを図ることができる。

(7)メディアのあり方を提案する能力
a. 新しい情報装置の使い方や情報装置そのものを生み出すことができる。
b. コミュニティにおける取り決めやルールを提案することができる。
c. メディアのあり方を評価し、調整していくことができる。

間違いです。世代によっては、物心ついた時からスマホやタブレットが生活の中にあり、パソコンを触ったことがない場合もあります。

一時期、「バカッター」や「バイトテロ」と呼ばれる飲食店アルバイトによるTwitterへの画像投稿による炎上が話題になりました。ああした出来事のいくつかは、おそらくTwitterの機能を正しく理解していないことから起きています。Twitterは友人同士をつなぐ通信的な使い方もできますが、「リツイート」や「いいね」と呼ばれる拡散の機能を備えていることによって、容易に自分の友人以外の人々に情報を波及させてしまいます。つまり、放送的な機能を持ち合わせているのです。そのことを知らず、友人に「こんないたずらをしたよ」と画像付きで知らせただけのつもりが、どんどん拡散されてしまうというわけです。情報が広がるだけでなく、その内容が社会通念上許されない（と思われる）行為であった場合、店舗が特定されたり、投稿した個人の住所や個人情報が明らかにされたりして、投稿者や関係者に実害が生じることも少なくありません。

②の「メディアのテクスト」というのは、メディアが伝える情報内容、つまり、本書の言葉でいうと「コンテンツ」のことです。コンテンツをクリティカル（批判的）に分析する力のことです。詳しくは岡本健・遠藤英樹の編著『メディア・コンテンツ論』（ナカニ

シャ出版）や拙著『ゾンビ学』で書いていますので、そちらをご覧ください。一つだけ注意すべき点を示しておくと、「批判的」というのは、内容を否定したり、疑ったりすることのみを指すわけではないということです。コンテンツの内容について、客観的、分析的にみていく姿勢のことを指しています。

これから重要になってくるのが③ですね。かつては、メディア産業に従事する人々の仕事だった「情報の編成・発信」は、今や日常的に普通の人々も行えるものになっています。スマートフォンが持っている機能を考えてみましょう。カメラ機能、録音機能、動画撮影機能、そして、それらを多くの人々に公開できる機能が備わっています。これはもはや、個人が放送機器を持ち歩いていると言っても過言ではありません。テレビのニュースでも災害や事件現場の様子が映し出される際、個人がスマホで撮影したものや、ドライブレコーダーの記録などが使われていることを見ても、よくわかると思います。

■先行する事例や研究を調べる

ここまで見てきた通り、コンテンツツーリズムもインバウンドも、進めていくためには、専門的な知識や、経験に基づいた判断が求められます。特に、元々コンテンツそのものに詳しくない方がこうした取り組みを実施するハードルは高いものになるでしょう。

私もコンテンツツーリズム関係の講演会などでお話しさせていただくと、地方自治体や観光関連の実務家の方から「アニメやマンガのことに詳しくないので、どうしたら良いかわからない」とご相談をいただきます。確かにお気持ちはよくわかるのですが、少し待っていただきたいのです。担当者は、コンテンツのファンになることを求められているわけではありません。担当時に、アニメやマンガ、ゲームそのものに詳しくなくても、アイドルのライブに行ったことがなくても、コスプレを趣味にしていなくても、痛車《いたしゃ》に乗っていなくても、ヲタ芸が打てなくても、ゲームセンターに入り浸った経験がなくても、問題はありません。

コンテンツについて、そして、そのファンについて調査を行い、観光・地域振興に必要な情報を得ていただきさえすれば良いのです。それは、他の分野でも同じことではないでしょうか。私は道路工事に携わったことがないから、水道に詳しくないから、林業をやったことがないから、畜産業に従事したことがないから、といって、それに関連する仕事は全くできないでしょうか。そうではないと思います。その業界について勉強し、経験を積めば、担当できるようになるはずです。それでも「いや、しかし……」と言い出す人は、もはや「やらないための言い訳」を探している状態か、アニメやマンガ、ゲーム等のコンテンツ文化に対して何らかの偏見を持っておられる状態かもしれません。

コンテンツツーリズムやインバウンドに関する研究は、現在急速に進んでおり、様々な研究成果が書籍や論文などの形で出されています。論文や書籍を調べることができるデータベースはいくつかありますが、ここでは、気軽に利用できる「国立国会図書館オンライン（NDL ONLINE）」（https://ndlonline.ndl.go.jp/#!/）を用いた結果をご紹介します。このウェブサイトにアクセスし、トップ画面を開くと、キーワードを打ち込む検索窓があります。試しにそこに「コンテンツツーリズム」と打ち込んでみましょう。２０１８年９月５日の時点で、図書や雑誌、雑誌記事を含めて、１５３件がヒットします。さすがにすべてを読むのは難しいと思いますが、まずは論文や書籍のタイトルだけでもざっと見ていただければと思います。その中には、きっと読んでみたい書籍や論文があるでしょう。その他にも、論文を調べるなら「CiNii Articles」（https://ci.nii.ac.jp/）というウェブサイトが、そして、書籍を調べるなら「CiNii Books」（https://ci.nii.ac.jp/books/）や「カーリル」（https://calil.jp/）といったデータベースも便利です。

ウェブでダウンロード可能な文献もあるのですが、そうではないものもあります。その場合は、上記のデータベースを使って、全国のどこの大学附属図書館や公共図書館に所蔵されているのかを調べましょう。大学附属図書館は基本的にはその大学に所属している学生や教員のための施設ですが、卒業生や一般の人々に開放している図書館が少なくありません。ウェブページの利用案内を確認して、どんどん活用してください。

各種図書館には司書の方がいらっしゃいます。利用者に見えるところでは、カウンターで貸出処理をしたり、棚を整理したりされている様子が目立ちますが、お仕事はそれだけではありません。司書の方は、文献探索のプロフェッショナルで、利用者からの相談にのって文献探索を助けるレファレンスサービスも行っているのです。ある程度自分で調べてみて、望む情報にたどり着けなかったら、遠慮なく尋ねてみましょう。

ウェブ上のデータベースが充実している現在ですが、このように「人」に尋ねる方法も馬鹿にはできません。データベースでの検索は便利ですが、その検索結果は、やはり利用者が打ち込む「検索ワード」に依存してしまいます。膨大な量の検索結果が出てきてしまった際に、どの情報が重要なのか、判断に困ることがあると思います。逆に、自分で考えたキーワードで検索していてもなかなか情報が得られないこともありますよね。そんな時には、同じようなことに興味、関心を持っている人や、その分野の専門家や研究者に尋ねてみるのも良いでしょう。

また、そのジャンルに関わる学会や研究会、協会などのウェブページが参考になることもあります。コンテンツツーリズムについても、こうした取りまとめ機関が求められています。コンテンツツーリズムに関わる地域の担当者、コンテンツ業界、そして、学生を含めた研究者が、ワンストップで様々な情報を得られるポータルが必要な時期に差し掛かっていると思います。そういう意味では、アニメツーリズム協会の役割はとても重要です。

さらに、私がよくやる文献探索の方法が、大きな図書館に行って棚の間をぶらぶら歩き回る、というものです。本当にただ歩き回って本を眺めます。自分が関心を持っている棚はもちろんですが、そうではない棚も含めてゆっくりと見て回ります。タイトルを見て「面白そうだな」と思ったら手に取って開いてパラパラと読んでみます。これを何のためにやるのかというと、先ほど指摘した「検索ワードの限界」を超えるためです。自分の興味、関心に従って探す方法では、自分が興味、関心を持っていない範囲をカバーするのは難しいでしょう。そもそも興味、関心がないわけですから、その分野のキーワードも知らないわけですし、分野があることすら知らない可能性もあります。

そこで「じゃあすべての分野の棚を見て回ればよいじゃないか」という発想に至りまし

た。とはいえ、すべての本をしらみつぶしに読んでいくとなると、時間がいくらあっても足りません。せめてタイトルをざっと見るだけでも違うのではないかと考えました。この方法を取ることで、自分が思ってもみなかった分野に自分の興味、関心にかかわることが書かれていることを発見したり、知らなかった分野そのものを発見したりすることができます。私は自己流で編み出したものだと思っていましたが、実はこの方法には名前がついていて、「ブラウジング」と言うのだそうです。

その他、様々な文献の調べ方をまとめた「資料のえじき」という文章がありますので、参考にしてください。

■巡礼ビジネスのふ化器を作り上げる

巡礼ビジネスを全国的に推進していくためには、創造的なアイデアや取り組みが出てくる仕組みを作る必要があります。私が、アニメ聖地で様々な事例を見てきて感じたのは、地域が文化創造の「ふ化器」の役割を果たしているということでした。アニメファンや地域住民の自由な創作の場が準備されていることで、それぞれがやりたいように自分を表現します。すると、その中から、創造的なアイデアや面白い取り組みが出てくるのです。

「選択と集中」といって、ある特定分野を選択して、そこに予算を集中させるというやり方があります。おそらく、同じようなタスクに競争的に取り組むための戦略としては、これが合っているのでしょう。

しかし、思い出していただきたいのですが、観光は「差異」の産業です。人とは違うこと、創造的なことが観光資源につながっていきます。そこには試行錯誤が必要です。たくさんの失敗があって、逸脱があって、すぐには役に立たない成果があって、そうした一見無駄とも思われる取り組みの中から、多くの人を驚かせるものが出てきます。日々の仕事に追いまくられる中で、ゆっくり読書したり、思考を巡らせたりするのは至難の業です。

私は大学教員を仕事にしていますので、おそらくその他の職業に比べると、ずっと「読書のための時間」や「思考のための時間」が確保できる職種だと思います。それでも、授業の準備や様々な事務作業、各種学生対応、地域や企業の方々からのご相談を受け付けていたりすると、あっという間に1日が終わってしまいます。その後は疲れてしまって、帰って寝るだけです。どなたか良い方法があったら私に教えてください。

研究や教育、観光・地域振興についての良いアイデアが浮かぶのは、ゆっくり温泉に浸《つ》かってほっと一息ついた時や、家族や友人、学生たちと他愛《たわい》もない話をしている時です。

地域や企業の皆さんと一緒に地域振興のアイデアを練る時も、会議室でうんうん唸《うな》ってもそれほど面白いものは出てきません。会議が終わって、食事中にリラックスして、くだらない話で笑いあっている時にこそ、「これは面白い！」とみんながワクワクするアイデアが湧いてくることが多いです。

創造的なアイデアが生まれるには、「余裕」や「余白」が必要なのです。できるだけ早く成果が欲しくなってしまうのが人情というものですが、成熟していない卵を外からバリバリと破っても、中からひよこは出てきません。どろっとした白身と黄身が出てくるだけです。当然ながら、出てきたものからひよこはできませんし、無理に壊したせいで、卵の中身はひよこになる機会すら奪われてしまいました。

それでは卵の中で、元気なひよこ（創造的なアイデア）が育って、ふ化して出てくるためには、外から何ができるでしょうか。それは、卵をあたためること、あるいは、あたためる環境を作ることです。つまり、ふ化器を作り上げればよいのです。それは、どこかにいる偉い知識人を集めて講演会を催して報告書を作ることとは異なります。

これまでの話を整理すると、文化的な資産を保存すること、そして、それを活用した取り組みを実施すること。さらに、様々な段階で情報発信を行うこと。取り組みの中で困ったことがあった時に相談できる窓口があること。各取り組みによって得られた知見を蓄積していくこと。そして、それらの知識をフィードバックして、専門家を育成すること。こうした、個々の力では難しい部分を行政や団体がサポートすることが重要になります。

本書で見てきたのは、ほんの一例です。例をそのまま使うのではなく、構造に注目して、応用してみてください。いろいろなテーマで、いろいろな場所（それは、もはや現実空間上のみには限らないことは言うまでもありません）に「聖地」を創ることができます。観光や地域振興の取り組みが面白いのは、すでにあるニーズだけを対象とするのではなく、新たな価値を作り出し、市場を切り拓《ひら》くことができる点にあります。これまで常識とされていた序列を発想の転換で、ひっくり返すことができるのです。

そして、創り出した「聖地」が多くの人に大切にされるものになれば、そこには様々な人が集まってきます。集まってきた人たちが、「聖地」を大切に想いながら自由な創作や表現、発信を行い、それがまた巡礼者を呼んで……。このようにして出来上がるコミュニティは、うまくマネジメントできれば、地縁や社縁のコミュニティとは性質の異なる「しなやかな強度」を持ったものになるでしょう。

このようなコミュニティが日本のそこら中に出来上がれば、各地で創造的な取り組みが生まれてきます。そうなれば、国内、国外を問わず、その魅力に惹かれた巡礼者が訪れます。様々な価値観の「聖地」を複層的に共存させることこそが、観光立国の強度を高めることにつながるのです。多様な「面白さ」にあふれる場所こそが魅力的ではないでしょうか。そして、そんな観光を創造する際に最も重要な第一歩は、読者の皆さんそれぞれが「大切だ」と感じたことを練り上げ、形にしてくださることだと思います。一緒に「面白い」世界を作り上げようではありませんか。

対談

村山慶輔 × 岡本健

村山慶輔《むらやまけいすけ》　**株式会社やまとごころ代表取締役**

兵庫県神戸市生まれ。ウィスコンシン大学マディソン校卒。2000年アクセンチュア株式会社に入社。2003年同社戦略グループに異動後、地域活性化プロジェクト、グローバルマーケティング戦略などのさまざまなプロジェクトに従事。2006年同社を退社。2007年にインバウンド観光に特化したBtoBサイト「やまとごころ.JP」を立ち上げ、ホテル・小売り・飲食・自治体向けに情報を発信し、教育・研修、コンサルティングサービスなどを提供している。

■「インバウンド」が認知されていなかった2007年

岡本　村山さんのプロフィールを拝見すると、インバウンドに関するサイトを立ち上げられたのが2007年になっています。当時はどういう状況だったんでしょうか？

村山　まずインバウンドという言葉自体が認知されていませんでしたね。今でこそ「インバウンド＝訪日観光」という認識が広がりましたけれど、当時は業界の中の一部の人しかこの言葉を使っていなかったんです。外国人観光客の数も今は2800万人を超えているのに、当時は1000万人にも満たない状況でした。マーケットとしてもどれだけのポテンシャルがあるのかと疑問を持つ方は多かったですね。外国人観光客は初めて日本に来られる方が多く、日本に関する情報をお持ちの方はあまりいませんでした。その頃に比べると大きく変わったと思います。

岡本　村山さんは大学を卒業されたあと、外資系企業に就職されています。インバウンド関連のお仕事を始められたきっかけはどこにあったんですか？

村山　インバウンドを仕事にしようと思ったのは、アクセンチュアにいた2005年頃ですね。ただ、大学生の頃からいつか起業したいという気持ちはあったんです。大学はアメリカに4年間行って、そのあと半年インドにいたので、5年弱くらい海外経験があるんです。その頃、日本と海外を繋《つな》ぐ仕事をやりたいと決めていたんです。

繋ぐ仕事といっても、貿易も含めていろんな分野がありますよね。そのなかで今後伸びそうで、思い入れを持ってやれるテーマは何かなと模索しているうちにインバウンドに行き着きました。日本の魅力を伝えたいという想いが強かったことから、やっぱり観光かなと考えたんですね。海外で生活していたなかでも、日本の情報が全然、海外に伝わっていないというのは強く感じていました。アメリカにも伝わってないし、伝わっていても歪《ゆが》んでいる部分が多い。インドなんかでは、日本のメーカーといえばソニーとホンダとスズキくらいしか知られていない。観光資源や食の情報などは何も伝わっていない。そこの部分の課題を解決したいということでインバウンドに着目したんです。

岡本　その当時、インバウンドがこれほど大きくなっていくと想像していましたか？

村山　伸びるだろうな、とだけは思っていました。２００１年に同時多発テロが起きたあと、ハーバード大学のジョセフ・ナイ教授がソフト・パワーということを言っていました。日本でもこれからはメーカーよりもソフトの力が重要になってくるのではないかなと、なんとなく思っていたんです。

観光については個人的には思い入れしかないというか……。私はコンサルティング会社に勤めていた身なんですけど、自分の起業に関しては〝想い先行〟で始めたといえます。戦略があって、マーケットを考えたビジネスプランを立ててＩＰＯまでを計画しておくようなやり方もあるとは思うんです。でも私は、観光の分野に着地したとき、テーマそのものに意義を感じたんです。日本はこれから観光資源というものを発信していかなければなりゆかないと思ったのでそこに入り込んだという。あまり戦略的とはいえなかったので、最初はとても大変でした（笑）。

岡本　なるほど。危機感みたいなものもあったのでしょうか。

村山　危機感はありましたけど、やり甲斐《がい》もありました。このテーマって大きいじゃないですか。日本の魅力を発掘して発信していく。死ぬまでやれるんじゃないかと思っています。短期間のビジネスとして利益を出して会社を売却してしまうようなやり方もありますが、10年、20年、30年……、死ぬまでライフワークとして取り組めるテーマって何かなと考えて、たどり着いたところですので。社会的に意義があって個人的な思い入れが強いので、ビジネス的な部分はあとからついてくるんじゃないかと。そんなノリでした。だから、最近インバウンドに参入してきた方たちとは入口のマインドセットがだいぶ違う気はします。想い先行型だったのがいいのか悪いのかはわからないですけど（笑）。

■中国人にとってのキラーコンテンツ「シャチ」

岡本　将来的な部分ではどのように考えていますか？

村山　この分野では、まだまだやれてない空き地がいっぱいあると思うんです。たとえば今はゴルフツーリズムもやっています。世界的にマーケットがある分野なのに日本はまだまだこれからですね。

岡本　国は狭いのにゴルフ場はいっぱいありますからね。

村山　はい、アメリカの次に多いんです。にもかかわらず、海外の旅行会社では「日本ってゴルフ場あるの？」くらいの認識なんです。中国には送り込んでいても、日本とゴルフは結びつけていなかったんですね。そこで実情を伝えると、「そうなんだ。最近、マンネリ化していたから、それはいいことを知った」というように新しいデスティネーションとして日本を選んでくださるところも増えてきました。

岡本　そこに食などの日本文化を重ねていけば、単にゴルフをするだけじゃなく、日本のことを知ってもらえるようにもできるわけですよね。

村山　要はフックだと思うんです。アニメもあればゴルフもあり、ラグビーワールドカップなどもあります。ワールドカップで日本に来たとしても、ラグビーだけを観るわけじゃないじゃないですか。食事もすれば観光もする。そのあたりを立体的にやっていければいいと思うし、そうしないと意味がないですよね。

岡本　ゴルフ場は気がつきませんでしたが、私が調べている範囲でいえば、水族館もすごく多いんですよね。

村山　水族館もそうですね。中国も今、水族館をどんどん増やしているんですけど、中国人観光客が日本の水族館に行くことは増えているんです。キラーコンテンツがあるんですよ。何だかわかりますか？

岡本　イルカショーでしょうか……？

村山　シャチなんですね。だから、「鴨川《かもがわ》シーワールド」なんかはすごく人気なんです。世界的に見てもシャチショーをやっているところはあまりないので、それがあるだけでもフックになるんです。なのに、それを水族館の人が知らなかったりするんです。なんで外国人が来ているんだろうと。もったいないですよね。知っていたら、もっと効率的な発信ができるじゃないですか。

岡本　おっしゃるとおりです。私は２００８年に『らき☆すた』の聖地（埼玉県久喜市の鷲宮神社など）に初めて行ったんですけど、２００７年時点では地元の人たちもどうして人が集まっているのかがわかってない人が多かったそうです。理由はわかんないけど、若い男の子がいっぱい来るぞ、みたいな（笑）。

２００７年頃までインバウンドという認知がほとんどなかったというお話がありましたが、同じ時期にアニメ聖地巡礼について調べ始めました。それを学会などで発表しても、聞いてくれている先生方はぽかんと口が開いているような感じだったんですね。「そんなの観光じゃない」とも言われました。「宿泊してないから」という理屈なんですけどね。それが今や国が施策として取り組むようになっています。観光の特徴ってそういうところにあるんじゃないでしょうか。観光資源だとは考えられていなかったものが、仕掛け方によっては観光資源化するという。そこに創造性も問われますよね。

村山　本当にそうですね。岡本さんはどうしてアニメに取り組み始めたんですか？

岡本　たしか、ミクシィのニュースで『らき☆すた』の聖地バスツアーの案内が出ていて、面白そうだなと思って行ってみたのがスタートですね。アニメツーリズムで何かをしたいという思いがあったわけじゃなかったんですけど、行ってみたらすごく面白かった。

何が面白かったかというと、地域のおじいちゃんと黒ずくめのアニメファンがすごく仲良さそうにしゃべっていたんです。以前からの知り合いなのかと思って聞いてみたら、さっき会ったばっかりだというんですよ。普通は世代間の隔絶みたいなものがあって、たとえば電車の中で隣り合わせになったおじいちゃんとしゃべったりしないじゃないですか。それなのにそこにはものすごく平和な世界が広がっていて、「これって一体なんだろう」と。それがきっかけでしたね。

村山 面白いですね。それってコミュニティだと思うんです。アニメのコミュニティがあって、聖地に行く。そこにはまた地域のコミュニティがあって、アニメのコミュニティと地域のコミュニティが掛け合わさるみたいな感じなんでしょうね。

岡本 まさに、おっしゃるとおりです。

村山 普通はコミュニティって単独だと思うんですけど、掛け合わされるのが面白い。だって、おじいちゃんがアニメ好きなわけじゃないですもんね。

岡本 そうですね、観たことなくて、「それはガンダムっていうのかい？」ぐらいの（笑）。

村山 そうですよね。接点は本当に場所だけで、そこで繋がるという。

岡本 外国の方だとさらに違った文化で育っているわけで、アニメにしても地域ごとによく知られているもの、まったく知られていないものがあると思うんです。たとえば『UF

○ロボ グレンダイザー』がフランスやイラクなどですごく人気があると聞きます。若い日本人はあまり知らないような作品なのに、特定の国では知名度が高い。そういう現象は他にもありますか？

村山　まず圧倒的なのは『ドラえもん』ですよね。東南アジアでは『ドラえもん』がテッパンです。タイでもインドネシアでもそうですね。

岡本　タイ語の『ドラえもん』は私も観たことがあります。

村山　『ドラえもん』は本当に強いですよ。2年ほど前にインドネシアでアンケートをとったことがあるんですけど、日本で食べたいものを聞くと、天ぷらや寿司《すし》などが挙がるのは当然として、どら焼きも挙がってくるんです。なぜかと聞くと、やっぱりドラえもんの大好物だからなんです。それにはちゃんとＤＯＲＡＹＡＫＩと書かれているんですね。

それに対して、たとえば関西国際空港の免税店では「井筒の三笠」が売られていても、わざわざどら焼きだとは言わないじゃないですか。だったら、そこに許諾を得て『ドラえもん』のシールを貼るようなことも考えられます。外国人観光客が知っているものに関連付けすれば、全然売り上げが変わってきますから。相手側のニーズを踏まえておくのはとても重要ですね。あと、中国では『ＳＬＡＭ ＤＵＮＫ』の人気がすごいです。

岡本　湘南《しょうなん》にたくさん人が行っていると聞きます。

村山　そうです。台湾なども含めて中華圏では『SLAM DUNK』が強いですね。江ノ電の鎌倉高校前駅で台湾人のカップルがウェディング写真を撮ったりするくらいの聖地になってます。

岡本　メッシやロナウジーニョなども『キャプテン翼』のファンだそうですね。

村山　アメリカなどでは『ドラゴンボール』が人気ですね。最近の作品では『ONE PIECE』や『名探偵コナン』もよく知られています。鳥取にできた「青山剛昌《あおやまごうしょう》ふるさと館」なんて、全入館者中の15%くらいが台湾、韓国などからの訪日客だそうです。

岡本　『NARUTO－ナルト－』はどうですか？

村山　『NARUTO－ナルト－』も人気ですね。アジアで人気がありますけど、欧米でもいけると思いますよ。忍者というわかりやすい日本的なコンテンツなので。

■アニメを通じて日本ファンになる人の多さ

岡本　アニメからの広がりは想像以上ですね。『ドラえもん』がきっかけで、どら焼きの話が広く知られているなんてビックリしました。ただ、コンテンツは知られていたとしても、それが旅行に繋がるかといえば、少しハードルが上がって、次の段階の話になる気がします。その意味で、現実的にはどれくらいのニーズがあるのか、ツアー商品として成立する可能性はどれくらいあるものと考えればいいのでしょうか？

村山　ひとつベースとしてあるのは、アニメを通じて〝日本ファン〟になった人は多いと思うんです。日本に来てる留学生やうちの会社のメンバーである外国人を見ていても、日本に興味を持ったきっかけがアニメやドラマだった人は半分以上じゃないかという気がします。すでに日本に来ている顕在層が多いだけでなく、まだ日本には来ていなくても、観光したい、日本語教育を受けたい、と考えている方たちのベースがアニメでつくられていることは多いでしょうね。

岡本　そうだと思います。知り合いの日本語学校教師は、受講者の八割くらいがそうじゃないかと言っていました。

村山　私もそれくらいかなと思いますね。アニメから入って親日になり、日本語を学んで、日本語でアニメを観たいというパターンがひとつありますよね。

それで、旅行ということでいえば、私は「アニメツーリズム協会」をやっていますが、アニメでツアーを組んでバカ受けしているという話はまだそんなに聞かないですね。ただ、たとえば「水木しげるロード」に行く人などは少なくないんです。ツアーとしてバカ売れしている商品はなくても、個々のファンが個人や団体で聖地に足を運んでいます。アニメの集客力というか粘着力は強いですよね。我々にしても小さな頃に観たアニメがずっと残ってるじゃないですか。我々の世代でいえば、『ドラゴンボール』とか……。

岡本　『SLAM DUNK』もそうだし、『ドラえもん』も大好きでした。

村山　そうしたアニメが生涯に与える影響度はすごく大きいと思います。好きになった瞬間にすぐ日本に来るかといえばちょっとわからないですけど、人生のどこかで日本に来ることに繋がるかもしれない。今度、そんな統計も取ってみたいですね。

岡本　好きになったのが子供のときなら、たとえ行きたいと思っても、お金や時間の問題で難しいことは多いはずです。だけど、年齢を重ねて海外旅行を考えたときに「あのアニメの舞台に行ってみたい」となるかもしれませんね。

村山　そうだと思います。海外の人によく言われるのは、日本のアニメは息が長いということ。30年前のアニメをいまだにやっているような。

岡本　そうですね、シリーズ化されたり、リメイクされたり。

村山　『ガンダム』などはいろいろ形を変えてきているし、『ドラえもん』はまだ映画もやっていますよね。我々ドラえもん世代からみても、まだやってるの！　みたいな（笑）。アニメのキャラって年を取らずにいろいろな世界観を描いているんで、そこに感心する海外の方も多いんですよ。賞味期限がエンドレスみたいな（笑）。

岡本　日本では普通ですが、不思議に思われるところなんですね。

村山　でも、それで親子で楽しめるんですよね。我々が40歳くらいになっていて、子供が10歳で、ともに『ドラえもん』で育っている。それと同じようなことが海外でも起きているのがすごい。中国人が親子で『ドラえもん』を観て、「高岡市《たかおか》 藤子《ふじこ》・F・不二雄《ふじお》ふるさとギャラリー」がある高岡市に行きたいと考えることもあり得るという。

岡本　家族旅行の行き先に日本を選んでもらえる可能性も高いとなりますね。

村山　アニメツーリズムというと、今は若い人が中心になっている感じがあるので、地域としてみれば、あまり消費がなされない。宿泊はしないで物もそれほど買ってくれない。買ってくれたとしても、アニメ関連にとどまる。『らき☆すた』で鷲宮へ行ったことから、埼玉全体に興味が広がっていくというようなケースは少ないと思うんです。そこに年輩の人などが交じってくれれば広がりが出てくる気はします。

■周囲の人間に広めてくれるだけのものを用意できているか

岡本　外国の方がたとえば『ＳＬＡＭ　ＤＵＮＫ』が目的で湘南に来たとして、どのくらい感動するのか。もう一度行きたいと思ってもらえるかというと、どうなんでしょうか？

村山　鎌倉高校前駅でいえば、一回きりでしょうね（笑）。象徴的なシーンがあった場所に行って写真を撮れば、ゴールになるので、何度もリピートしたいというのはそんなにないとは思います。だけど、口コミで広がるというのはありますよね。その写真を見た人が、自分もそこへ行って写真を撮りたいと考えるかもしれない。それで行き方を教えてもらうというように……。たしかにリピートという観点もありますが、そうはいっても年に何回も日本へ来る人はそんなにいないので。

岡本　どうしても国内旅行よりコストがかかります。

村山　そういった意味で、１人が来たあと、次につながるか、友人や親戚《しんせき》に広がっていくだけのものを用意しておけるか、という話になるんです。インスタ映えするようにしておくといったこともそうですね。その点では課題もあります。以前、テレビ番組の取材もあって、外国の方に高岡を回ってもらったことがあるんです。高岡では「高岡市 藤子・Ｆ・不二雄ふるさとギャラリー」があるほかに『ドラえもん』のトラムが走っていたりとか、いろいろあるじゃないですか。だけど、一つひとつのスポットがけっこう離れているんです。聖地マップのようなものがあっても外国人観光客だけではなかなかうまく回れない。そういう部分には課題もありますね。

岡本　高岡には行けても、それぞれのスポットの距離感まではわかってなくて、どういうふうに移動したらいいか迷う。他の観光地にも当てはまりそうです。

村山　最近は新海誠さんがすごいじゃないですか。『君の名は。』もそうですけど、『言の葉の庭』も人気ですよね。中国の知り合いから「新海誠は知っているか？　『言の葉の庭』は観たか？　あれは日本のアニメのなかでもいちばんいい。日本人であれを観てないなら許せない」というように言われて（笑）、私も観たんです。あの作品には新宿御苑《しんじゅくぎょえん》の雨のシーンがありますよね。その影響で中国の人たちが御苑に行きはじめているんですけど、とくに梅雨の時期に期待しているというんですよね。

岡本　雨が降ってなければならないと。

村山　そう。雨が降っているときに行かないと意味がないというんです。旅行は、できれば晴れていてほしいものなのに、わざわざ雨が多い時期に行こうという発想は、普通はないですよね。そこまでの思い入れがあるんです。アニメの影響力はすごい。それだけ世界観を大切にしているので、これからもっと雨のシーンが重要な意味を持つアニメが増えたら、梅雨時に日本に来る外国人観光客が増えるかもしれない（笑）。

岡本　旅行中に雨が降れば「残念でした」という話になるのが普通なのに、「雨が降ってよかった」と発想を転換できれば、リスクマネジメントになりますね。

村山　今は富士山ツアーがテッパンなんですけど、雨が降ると返金を迫られるようなこともあるんです。でも、もし富士山の見える場所で雨の日にドラマが展開されるような作品が人気になれば、雨の日にも対応できるようになりますからね。

■「日本で1位」という売り文句は必須ではない

岡本　他にインバウンドを考えたときの課題は何かありますか？

村山　やっぱりいかに消費に繋げるかでしょうね。海外の観光客でいえば、宿泊の長さがその地域に落とされるお金に直結してきます。だから、泊まってもらう工夫は絶対に重要ですよね。いま準備が進められている「ところざわサクラタウン」でもアニメファンのことを考えたホテルがつくられていますけど、それもひとつの考え方ですよね。聖地にある宿に泊まれば、そのアニメに関連する何かを堪能《たんのう》できるようにするとか、そこでしかもらえないお土産があるとか、作品と絡めた食事が提供されるとか。協会をやっていても、アニメ関連商品がまだまだ少ないというのは感じられます。

岡本　グッズということですか?

村山　お酒やお菓子なんかでもそうですね。メーカーさんからすれば、ものすごくヒットした作品などでないと、なかなか売れないし踏み切れないというのはあるんですけど。インバウンドでは「集客」、「商品作り」、「受け入れ環境」という三つの話をよくするんです。集客は情報発信と同じだとしても、商品……、売り物がないとお金を落としてもらえないので、そこが大きな課題ですね。

アニメに特化せずにいえば、たとえば今、外国人の方に日本のお酒を買ってもらおうと思っても難しい面があるんです。どうしてかといえば、一升瓶は大きすぎる。ワインなんかはそんなに大きくないし、時間が経つほどプレミアがついたりしますよね。でも日本酒は基本的にできるだけ早く飲んでほしいものだし、価値もわかりにくい。そういうお酒の一升瓶にアニメのラベルが貼ってあったとしても買いにくいんですね。だからもっと小さいサイズ……。四合瓶より小さい３００ミリとか、洋酒でよくあるような50ミリくらいのミニチュアボトルを作るとか。購入するリスクが少ないコンパクトな商品を増やしていけば海外の方には売れやすいと思います。そういうちょっとした工夫が必要ですね。

岡本 それによって売り上げはすごく左右されるでしょうね。

村山 それと、さっき話したように、たとえ銘菓であっても、どら焼きだとわかりやすくするとか。海外の方の目線に立って、買いやすさを考えた物作り、売り場作りをしていく。そういう部分は地域のプレイヤーがもうちょっと考える必要があるかなと思います。そこの部分でもアニメツーリズム協会で関わっていきたいですね。

岡本 そうですね。そういう考えを持った人が相談できる窓口として協会が機能するとすごくいいと思います。私は一度、海外の日本バーのようなところに行ったとき、メニューに梅酒があったので、梅酒のソーダ割りを頼みました。そしたら、ウメッシュをグラスに注いで、さらに水を足して出されたことがあったんです（笑）。こっちは驚きましたけど、向こうは知らないからそうしている。同じように、お客さんにどういうものを提供すべきかという情報はちゃんと知っておかなければいけないし、それが売れるかどうかに関わってきますね。

村山 先ほど岡本さんは『らき☆すた』の聖地でファンと地元のおじいちゃんが親しげにしていたという話をされたじゃないですか。そういうかたちを意図的につくっていく必要もあると思うんです。アニメのファンがアニメの聖地に行って、アニメのファンだけでつるんでいて、地元との接点がないまま帰っちゃったら、何も融合しない。でも、地域のコミュニティと重なる部分があれば、そこから地域に興味を持ち始めるとか、広がっていくと思うんですね。

岡本 そうですね。それは先ほど出た口コミで次の人が来るという話にもつながりますよね。人との繋がりとか文化との繋がりになっていくと、口コミもより密度の高い情報になるでしょう。

村山 たとえばアニメにはいろんなシーンがありますよね。食事をするシーンがあったりすればそこまで体験できるようにする。どら焼きにしてもそうで、どら焼きを作っているところを見学できるようなところまでツアー化していくとか。

岡本 どら焼きがどのようにできるかわかると、『ドラえもん』もより深く楽しめますね。

村山 プロセス的な部分まで見せていくところで地域に絡めていくパターンですね。うどんが出てくるんだったら、手打ち体験をさせるみたいな。アニメに出てくる商品を利用するなどして、地域内をもっと回遊させる仕組みづくりは重要だと思います。

岡本 私は出身が奈良なんです。奈良は海がない県なんですけど、一軒、すごく有名なお寿司屋さんがあって。そこでは、寿司を握る体験をさせてくれるんです。とくに外国の方からすれば、体験させてもらえるならその店に行こうとなる。海なし県の奈良と寿司は、日本人の感覚だと結びつきません。これまでの常識にとらわれず、工夫で勝てるというのは面白いところですよね。

村山　工夫次第ではナンバーワンにもなれるということですよね。それで思い出しましたが、沖縄のある物産店で外国人にいちばん売れているお土産がなんだかわかりますか？

岡本　沖縄なら泡盛とか、変わったところでいえば、ブタの耳、ミミガーとか……。

村山　そういう特産品ではなく、他県の物が売れていますというオチなんです。「白い恋人」なんですよ、北海道の。外国人からすれば、沖縄といってもそこは日本であり、日本の土産として有名な「白い恋人」が売っているなら、買って帰ると。

岡本　それは面白い話ですね。でも、私達も海外では似たような買い方をしているかもしれません。その国のイメージと結びついたものが欲しくなる。特にお土産の場合は渡す相手のことも考えるでしょうから、国ごとの日本に対するイメージを把握できれば、色々と工夫の余地がありそうです。

村山　そうなんですよね。ですから日本でランキング1位になるようなものでなければ海外に向けてアピールしてはいけないなんてことにはならないんです。そういう意味では早い者勝ちみたいなところもあるんだと思います。

ゴルフツーリズムもそうなんです。世界の旅行会社にとって日本のゴルフ場でいちばんのディスティネーションはどこになるかといえば三重県なんですね。北海道とか静岡とか、千葉とか兵庫とか、いいゴルフ場は各地にいっぱいありますけど、今は海外に対して三重県が圧倒的な知名度を誇っています。なぜかといえば、ひたすら発信しているからなんです。数年前から三重県は、県の予算を使ってやってるんです。

■つなぐ役割と版権意識

岡本　地方自治体の役割についてはどう考えられていますか？

村山　自治体ではやはり、個々の企業ではできないことをやるべきだと思うんです。商品作りは個々の企業に委《ゆだ》ねられるとしても、発信の部分は、自治体がある程度の予算を組んでリードしていくのがいいと思いますね。

たとえば香港で行われたブックフェアにはアニメツーリズムの協会でも出展しました。そういうときにたとえば、鳥取であれば鬼太郎とコナンが行きますというような試みをしてもいい気はします。埼玉であれば、『クレヨンしんちゃん』のしんのすけが行きますとか。そういう発信は、自治体がもっと積極的にやっていくべきですね。

あとは受け入れ環境ですよね。大きく分ければ、インフラと人です。インフラの部分でいえば、二次交通的なところをうまくコーディネートしていくのも大切ですよね。

最終的には人だと思うんです。結局、アニメツーリズムを進めていくなかで、受け入れ側といえる人たちの理解とやる気が問われます。当事者が本気になってアニメツーリズムで地域振興をしていくんだという気概や仕組みがなければ全然進んでいかないですからね。岡本さんは日本中のアニメの聖地に詳しいと思うんですけど、うまくいっているところは絶対にそういう人がいるはずです。

岡本　そうですね、たしかにそうです。

村山　必ずコアな人がいる。その人が行政ではなく民間から出ている場合もあると思うんですけど、そういう人材を育成していく仕組みが必要かなと思います。

岡本　なるほど、そうですよね。コンテンツツーリズムの場合、著作権の問題などもありますよね。町のお団子屋さんが勝手に包装紙にアニメキャラの絵を描いて売っちゃったみたいな。それはまずくないですか、という（笑）。

村山　グレーなやつは多いですよね。
岡本　その部分についての専門知識が必要ですね。
村山　グレーでやっていると、どこかで足をすくわれますからね。ちゃんとビジネスにできなかったり、ツアーを作れなかったり。
岡本　アニメツーリズム協会さんに期待される部分だと思います。このあいだアニメ制作会社の人と話をしたら、実は制作会社でも地域で展開していくにはどうすればいいか悩んでおられるようでした。「そういう話はどこに相談できるんでしょうか？」と聞かれたんです。地域もわかってなくて、コンテンツ産業側もわかってない部分があるなら、そこを繋ぐ役割を誰かが担う必要があります。
村山　そうだと思います。まさに協会がパイプになって、そういった地域と制作会社、あるいはＩＰホルダーの方をコーディネートしていく。これまではＩＰは誰が持っていて、どこに交渉すればいいんだということが不透明だったので。
岡本　「製作委員会ってなんですか？」と尋ねられたことがあります。
村山　ああいう委員会は、作品ができればそこがゴールになっていて、そのあとのビジネス展開があるとは考えていない場合が多いようですね。そこをしっかりビジネスチャンスに変えていく。協会に任せてくれたら、あとはコーディネートしますみたいな役割分担ができれば、マーケットになっていないところを広げていけるはずなのですごく価値があると思います。

中国には「Ctrip」というシェア六割の宿泊予約サイトがあって、私は「CTRIP JAPAN」の顧問をしているんです。それで中国の側からアニメを使ったプロモーションをやりたいという相談も受けるんですね。実際に繋ぐ役割を果たしたこともあるんですけど、彼らはできれば、『SLAM DUNK』なら『SLAM DUNK』で好きなように使いたいと思っているんです（笑）。それが許されるならどんどん送客できるからという感じで。

岡本　好き勝手使わせてほしいと（笑）。

村山　実際はそうはいかないじゃないですか。作品の世界観を守ることも含めてルールがありますから。でも、好き勝手に使えるなら、とにかく売る自信はあるというんです。

岡本　それくらい日本のアニメ作品のインパクトは大きいということですよね。

村山　それは間違いないですね。そこをうまく交通整理していく必要はあるんじゃないかなと思うんですけど。

岡本　そうなった場合、日本にとっての利益も大きくなりますね。ただし、権利者サイドにしっかりと還元されるのかということも問われますね。

村山　海外ではまだ版権に関して意識が低いところもありますからね。たとえば、私の妻はイラストを描いているんですけど、香港人の友達に自分のイラストを見せてしばらく経ったら、「あのキャラでカバンを作ったら売れている、ありがとう！」と連絡がきたという。

岡本　ちょっと言葉を失いますね（笑）。

村山　著作権も何もないのかと（笑）。しかも友達だったのに……。

岡本　そこの部分は本当に大事ですね。それは大学教育のなかでもすごく感じるところです。発信とか創作のためのメディアリテラシーみたいな教育はすごく必要になってるはずなんです。メディアリテラシーというと、いまだにマスコミの言うことをそのまま信じちゃいけないよ、ネットには嘘もいっぱい書いてあるよ、みたいな話に偏りがちです。それも大切ですが、情報の編集者、発信者としてのリテラシーを小学生くらいからちゃんと教えていくべきだと思います。

村山　話していて思ったんですけど、アニメツーリズムを考えるときに日本のアニメに限定しなくてもいいかなという気持ちもあります。最近、『犬ヶ島』（アメリカ・ドイツ制作のアニメーション映画）がありましたよね。

岡本　あれはすごくよかったです。

村山　いいですよね。LOVE JAPANが感じられて。『ベイマックス』なんかもそうですけど、日本を舞台に描かれたものがあるじゃないですか。ああいうのをうまく使えると、集客に繋がると思うんです。日本発のアニメだけにこだわらず、日本が舞台になってる作品までを考えていければ、ツーリズムで呼び込める人数は変わってくる気がします。

岡本　たしかにそうですよね。『犬ヶ島』なんかだと、あそこで描かれた日本が本当にあるのかと言われれば、難しいですが（笑）、フックになるものはすごくいっぱい描かれています。ああいう作品をきっかけに日本に来てもらって、実際の日本を知ってもらうのもいいですよね。

■地方経済活性化のためのインバウンド

岡本　村山さんは、アニメに限らず企業と地方自治体を結び付けるようなこともされていると思います。その中で、うまくいかなかったケースはありますか？

村山　ありますね。たとえば公園に関するプロジェクトをやっていて、国の予算が出ているうちはうまく進んでいたのに、予算が切れたらそこで終了になってしまうとか。自走できるところまでやっていこうという話になっていたはずなのにそうなってしまう。国の担当者が代わるなど、風向きが変わると止まってしまうことは非常に多いです。ハシゴを外されたみたいなことですね。行政も代理店も、発注される側の民間企業も毎年、体制が変わったりするじゃないですか。そういうことが繰り返されていくと、信頼関係も何もなくなってしまう。本当にやりたいと思っている人がいても、やれなくなるというか。

岡本　毎年、競争入札で業者を変えたりしていると、知見が積み重なっていきません。

村山　だから究極的には民間主導でやっていくのが重要なんだと思います。行政がやるべきところ、民間に任せるところの立ち回りがうまくいってないと、きついですよね。

岡本　担当が変わった途端に風向きが変わってしまうことは多いです。アニメに関しても、「担当者が好きじゃないから」という話をよく聞きます。担当自身が「自分はアニメに詳しくないから、担当にされて困っている」と口にしてしまうことまであるという……。そういう話を聞くと、すごく違和感があります。それを言うなら、もしあなたが林業の担当になったとしても同じなんじゃないですかと。水道局に行くことになれば、水道が好きじゃなくても仕事をしなければいけないのに、どうしてアニメに対してだけそういう言い方をするんですかと。アニメが好きじゃないのに担当になったのだとすれば、アニメの勉強をすればいいじゃないかと思うんです。

村山　たしかにアニメの捉《とら》え方がおかしいですね。アニメ＝オタクで、違う世界みたいな距離感で見ている人はやはりいます。

岡本　農業の担当になったとき、農家に行って、「私は野菜が嫌いなんです」と言えるのかって話ですから。

村山　そうですね。でも実際は、たとえば海外の人たちが、日本のアニメはすごいといって、そこから多くを学ぼうとしているわけですよね。ジャパニメーションと呼んで尊重してくれている。クリエーターのあいだでは言葉の壁は関係なくなっています。

岡本　そうですね。日本の地方ではアニメやオタクといったものが下に見られがちになっていても、世界にリーチしているのが現実です。日本でアニメやマンガ、ゲームなどのポップカルチャーを学びたいという留学生からたくさん連絡をもらいます。

村山　発想を変えたりマーケットを変えたりすれば、日本での価値も上げていけるはずなので、そういうことをやっていかないといつまでも変わらないですね。

今回もうひとつお話ししておきたいのは、アニメツーリズム協会にはかなり大きな会社が入ってくれているということなんです。ＫＡＤＯＫＡＷＡさんもそうですけど、ローソンさんとか東京海上日動さんとか。東京海上の社長もアニメツーリズムの旗を振ってくれているんです。そういうポジションにある人が、たとえば地方銀行の頭取に会って、これからはアニメツーリズムだと話してくれたら、ものすごく盛り上がっていくかもしれない。

岡本　そういう積み重ねは大切ですよね。

村山　東京海上さんは、日本ナンバーワンの損保会社ですけど、売り上げの八割は地方だそうです。ですから、地方が元気になることは重要なんですね。

岡本　大きな意味の経済活性ということですね。

村山　地方の経済活性のためにはインバウンドはとても重要です。インバウンドのなかでいくつかテーマがあって民泊とか農泊とかやっているんですけど、アニメもそのひとつと考えられているわけです。アニメツーリズムで何ができるかは模索中ですけど、テーマとしては面白い。人が動くだろうし、人が動けばそこに保険のチャンスもあるはずだということですね。東京海上さんの場合、素晴らしいのは、上の人たちがそれを言い始めたことなんですよ。アニメの中身まではわかってないかもしれませんけど（笑）。

岡本　やっぱり社員研修で全話、見ていただかないといけません（笑）。アニメツーリズム協会さんでは『アニメ聖地88 Walker』というムックも出されていますよね。

村山　はい、本書を教科書にして研修などやっていただけるといいですよね。地方銀行の担当者のためのインバウンド講座もつくっているんですけど、そういうところでもアニメ版までやれるようになっていければと考えています。

岡本　地銀はそういう調査をしていますよね。これからは経済効果としてどれだけの金額になるかといった具体的な統計も整備されると思います。

参考になる話をたくさん聞けてよかったです。今日は本当にありがとうございました。

参考文献

●はじめに

・アンソニー・エリオット、ジョン・アーリ（著）遠藤英樹（監訳）（2016）
『モバイル・ライブズ　―「移動」が社会を変える』ミネルヴァ書房
・遠藤英樹（2017）『ツーリズム・モビリティーズ　―観光と移動の社会理論』
ミネルヴァ書房
・岡本健（2018）『アニメ聖地巡礼の観光社会学
―コンテンツツーリズムのメディア・コミュニケーション分析』法律文化社
・岡本健（2017）『ゾンビ学』人文書院
・須藤廣、遠藤英樹（2018）『観光社会学2.0　―拡がりゆくツーリズム研究』福村出版
・中川和亮（2017）『ライブ・エンタテイメントの社会学
――イベントにおける「受け手（participants）」のリアリティ』五絃舎
・公野勉（2018）『ライブエンターテイメントへの回帰 映像から二・五次元へ
アニメライブミュージカル概論』風塵社

●第1章

・岡本健（2013）『n次創作観光　―アニメ聖地巡礼／コンテンツツーリズム／
観光社会学の可能性』NPO法人北海道冒険芸術出版
・岡本健（2018）『アニメ聖地巡礼の観光社会学
―コンテンツツーリズムのメディア・コミュニケーション分析』法律文化社
・岡本健・遠藤英樹（2016）『メディア・コンテンツ論』ナカニシヤ出版
・神田孝治（2012）「白川郷へのアニメ聖地巡礼と現地の反応
―場所イメージおよび観光客をめぐる文化政治」『観光学』7、pp.23-28.
・山田奨治（2017）『マンガ・アニメで論文・レポートを書く　―「好き」を学問にする方法』
ミネルヴァ書房

●第2章

・遠藤英樹（2014）「伝統の創造」大橋昭一・橋本和也・遠藤英樹・神田孝治（編）
『観光学ガイドブック　―新しい知的領野への旅立ち』ナカニシヤ出版、pp.114-119.
・岡本健（2011）「コンテンツツーリズムにおけるホスピタリティマネジメント
―土師祭「らき☆すた神輿」を事例として」『HOSPITALITY』18、pp.165-174.
・岡本健（2012）「旅行者主導型コンテンツツーリズムにおける観光資源マネジメント
―らき☆すた聖地「鷲宮」とけいおん！聖地「豊郷」の比較から」『日本情報経営学会誌』
32（3）、pp.59-71.

・岡本健(2011)「交流の回路としての観光　—アニメ聖地巡礼から考える情報社会の旅行コミュニケーション」『人工知能学会誌』26(3)、pp.256-263.
・岡本健(2013)『n次創作観光　—アニメ聖地巡礼／コンテンツツーリズム／観光社会学の可能性』NPO法人北海道冒険芸術出版
・岡本健(2014)『マンガ・アニメで人気の「聖地」をめぐる神社巡礼』エクスナレッジ
・岡本健(編著)(2015)『コンテンツツーリズム研究　—情報社会の観光行動と地域振興』福村出版
・中村哲(2003)「観光におけるマスメディアの影響　—映像媒体を中心に」前田勇(編著)『21世紀の観光学　—展望と課題』学文社、pp.83-100.
・山村高淑(2011)『アニメ・マンガで地域振興　—まちのファンを生むコンテンツツーリズム開発法』東京法令出版

●第3章

・井出明(2018)『ダークツーリズム　—悲しみの記憶を巡る旅』幻冬舎
・岩崎達也・小川孔輔(2017)『メディアの循環「伝えるメカニズム」』生産性出版
・岡田昌彰(2003)『テクノスケープ　—同化と異化の景観論』鹿島出版会
・岡本健(2011)「交流の回路としての観光　—アニメ聖地巡礼から考える情報社会の旅行コミュニケーション」『人工知能学会誌』26(3)、pp.256-263.
・岡本健(2011)「コンテンツツーリズムにおける地域からの情報発信とその流通　—『らき☆すた』聖地「鷲宮」と『けいおん！』聖地「豊郷」の比較から」『観光・余暇関係諸学会共同大会学術論文集』3、pp.37-44.
・岡本健(2013)「コンテンツツーリズムの景観論　—アニメ聖地巡礼／拡張現実景観／オタクスケープ」『ランドスケープ研究』77(3)、pp.222-225.
・岡本健(2015)「メディアコンテンツと観光、都市、コミュニティ　—情報社会のサードプレイスとしてのアニメ聖地」『奈良県立大学研究季報』25(2)、pp.193-212.
・岡本健(2018)『アニメ聖地巡礼の観光社会学　—コンテンツツーリズムのメディア・コミュニケーション分析』法律文化社
・西田正憲(2011)『自然の風景論　—自然をめぐるまなざしと表象』清水弘文堂書房
・日本観光振興協会(2018)『平成29年度版 観光の実態と志向　—第36回 国民の観光に関する動向調査』日本観光振興協会
・本城靖久(1996)『トーマス・クックの旅　—近代ツーリズムの誕生』講談社

●第4章

・東園絵・斉藤真紀子(2014)『お客さまはぬいぐるみ
　―夢を届けるウナギトラベル物語』飛鳥新社
・おーちようこ(2017)『2.5次元舞台へようこそ
　―ミュージカル「テニスの王子様」から「刀剣乱舞」へ』講談社
・岡田尊司(2010)『うつと気分障害』幻冬舎
・岡本健(2013)『n次創作観光　―アニメ聖地巡礼／コンテンツツーリズム／
　観光社会学の可能性』NPO法人北海道冒険芸術出版
・岡本健(編著)(2015)『コンテンツツーリズム研究　―情報社会の観光行動と
　地域振興』福村出版
・岡本健(2018)「スマートフォンゲームの観光メディアコミュニケーション
　―『Pokémon GO』のフィールドワークからの観光の再定義」
　『奈良県立大学研究季報』28(3)、pp.37-62.
・岡本健・松井広志(編)(2018)『ポスト情報メディア論』ナカニシヤ出版
・神田孝治・遠藤英樹・松本健太郎(編)(2018)『ポケモンGOからの問い
　―拡張される世界のリアリティ』新曜社
・島田裕巳(2016)『スマホが神になる　―宗教を圧倒する「情報革命」の力』
　KADOKAWA
・鈴屋二代目タビー・井原渉(2016)『なぜ人々はポケモンGOに熱中するのか？』
　リンダパブリッシャーズ
・徳岡正肇(2015)『ゲームの今　―ゲーム業界を見通す18のキーワード』
　SBクリエイティブ
・西田宗千佳(2016)『ポケモンGOは終わらない』朝日新聞出版
・仁科邦男(2013)『犬の伊勢参り』平凡社
・にゃるら(2018)『バーチャルYouTuber名鑑2018』三才ブックス
・若林芳樹(2018)『地図の進化論　―地理空間情報と人間の未来』創元社

●第5章

・青木豊(2018)『集客力を高める博物館展示論　―普及版』雄山閣
・青木豊・中村浩・前川公秀・落合知子(編著)(2018)
　『博物館と観光　―社会資源としての博物館論』雄山閣
・大谷尚之・松本淳・山村高淑(2018)『コンテンツが拓く地域の可能性
　―コンテンツ製作者・地域社会・ファンの三方良しをかなえるアニメ聖地巡礼』
　同文舘出版
・岡本健(2012)「旅行者主導型コンテンツツーリズムにおける観光資源マネジメント
　―らき☆すた聖地「鷲宮」とけいおん！聖地「豊郷」の比較から」『日本情報経営学会誌』

32(3)、pp.59-71.
・岡本健(2012)「観光・地域デザイン2.0と観光情報学
—アニメ聖地巡礼から観光の新たなあり方を考える」『観光と情報』8(1)、pp.15-26.
・岡本健(編著)(2015)『コンテンツツーリズム研究
—情報社会の観光行動と地域振興』福村出版
・岡本健(2016)「あいどるたちのいるところ
—アイドルと空間・場所・移動」『ユリイカ』9月臨時増刊号、青土社、pp.243-250.
・岡本健(2017)『ゾンビ学』人文書院
・寺岡伸悟(2014)「「ご当地」はどこにあるのか
—ゆるキャラとB級グルメのコンテクスト」遠藤英樹・寺岡伸悟・堀野正人(編著)
『観光メディア論』ナカニシヤ出版、pp.185-204.
・蓑豊(2012)『超＜集客力＞革命　—人気美術館が知っているお客の呼び方』
KADOKAWA
・高橋明也(2015)『美術館の舞台裏　—魅せる展覧会を作るには』筑摩書房
・中村元(2014)『常識はずれの増客術』講談社
・村山慶輔、やまとごころ編集部(2017)『インバウンドビジネス集客講座』翔泳社
・村山慶輔、やまとごころ編集部(2018)『インバウンドビジネス入門講座 第3版』翔泳社
・矢ケ崎紀子(2017)『インバウンド観光入門
——世界が訪れたくなる日本をつくるための政策・ビジネス・地域の取組み』晃洋書房
・山村高淑(2015)「コンテンツツーリズムと文化遺産価値へのアクセス」

●第6章

・岡本健・遠藤英樹(2016)『メディア・コンテンツ論』ナカニシヤ出版
・岡本健(2017)『ゾンビ学』人文書院
・加藤秀俊(1975)『取材学　—探求の技法』中央公論新社
・読書猿(2017)『アイデア大全　—創造力とブレイクスルーを生み出す42のツール』
フォレスト出版
・読書猿(2017)『問題解決大全　—ビジネスや人生のハードルを乗り越える
37のツール』フォレスト出版
・浪田陽子・福間良明(編)(2012)『はじめてのメディア研究
—「基礎知識」から「テーマの見つけ方」まで』世界思想社
・中橋雄(2014)『メディア・リテラシー論
—ソーシャルメディア時代のメディア教育』北樹出版
・中橋雄(2017)『メディア・リテラシー教育
—ソーシャルメディア時代の実践と学び』北樹出版
・藤井誠二(2015)『大学生からの「取材学」
—他人とつながるコミュニケーション力の育て方』徳間書店

岡本　健（おかもと・たけし）
奈良県立大学地域創造学部准教授。1983年奈良市生まれ。北海道大学文学部卒業（専攻は認知心理学）。2012年3月、北海道大学大学院国際広報メディア・観光学院博士後期課程修了。博士（観光学）。12年4月、京都文教大学総合社会学部文化人類学科特任（任期付）講師。13年4月、奈良県立大学地域創造学部地域総合学科専任講師。15年4月より現職。専門は、観光学、観光社会学、コンテンツツーリズム学、メディア産業論、メディア・コンテンツ論など。主な著作に『ゾンビ学』（人文書院）、『アニメ聖地巡礼の観光社会学　コンテンツツーリズムのメディア・コミュニケーション分析』（法律文化社）など。

巡礼《じゅんれい》ビジネス

ポップカルチャーが観光資産《かんこうしさん》になる時代《じだい》

岡本《おかもと》　健《たけし》

2018年12月10日　初版発行
2024年10月25日　7版発行

発行者　山下直久
発　行　株式会社KADOKAWA
〒102-8177　東京都千代田区富士見2-13-3
電話　0570-002-301（ナビダイヤル）

装丁者　緒方修一（ラーフイン・ワークショップ）
ロゴデザイン　good design company
オビデザイン　Zapp!　白金正之
印刷所　株式会社KADOKAWA
製本所　株式会社KADOKAWA

角川新書

ISBN978-4-04-082259-4 C0295

KADOKAWAの新書 好評既刊

カサンドラ症候群
身近な人がアスペルガーだったら

岡田尊司

ある種の障害や特性により心が通わない夫(または妻)をもったパートナーに生じる心身の不調――カサンドラ症候群。本書ではその概要、症状を紹介するとともに、専門医が最先端の研究から対処法・解決策を示す。

物を売るバカ2
感情を揺さぶる7つの売り方

川上徹也

競合とさほど変わらない物やサービスであっても、売り方次第で一気に人気を博すものになる。今の時代に求められる「感情」に訴える売り方「エモ売り7」を、成功している70以上の実例を紹介しながら伝授する。

「わがまま」健康法
自律神経を整える

小林弘幸

あるがままの自分を指す「我がまま」というニュアンスが込もった「わがまま」。誰もがしたいと願ってはうまくいかない、その生き方を続けるためには「わがまま」のハードルを低く設定することから始めることが大切。

長生きできる町

近藤克則

転ぶ高齢者が4倍多い町、認知症のなりやすさが3倍も高い町――。健康格差の実態が明らかになるにつれ、それは本人の努力だけでなく環境にも左右されていることが判明。健康格差をなくすための策とは?

フランス外人部隊
その実体と兵士たちの横顔

野田力

今日、自分は死ぬかもしれない――。内戦の続くコートジボワールで著者は死を覚悟したという。その名の通り、主に外国籍の兵士で構成されるフランス外人部隊。6年半、在籍した日本人がその経験を余すところなく書く。

KADOKAWAの新書 ❦ 好評既刊